AF599507

Rester debout !

Marie-Line Fradet

Rester debout !

LE LYS BLEU
ÉDITIONS

ISBN : 979-10-422-1951-2

À mes proches

Préface

Un si beau livre à lire…

L'année de ta naissance, tes parents m'ont choisie pour être ta marraine, quelle fierté ! J'avais presque ton âge. Un engagement pour moi. Durant la cérémonie, lorsque le prêtre m'a demandé pourquoi j'acceptais ce rôle, quelle en était la signification pour moi, j'ai répondu que je souhaitais être là pour toi. Partager les bons comme les mauvais moments. Je me souviens avoir dit que je souhaitais pouvoir t'épauler lorsque tu en aurais besoin. Et je le pensais. Mais je n'imaginais pas que ces mots prononcés il y a 28 ans prendraient tous leurs sens, et à quel point. Quand vient le moment de remplir ce rôle, comment être sûre qu'on est dans le vrai ? Parce qu'on est démuni, parce qu'on est triste, parce qu'on n'est pas préparé à ça ! Parce qu'une jeune femme de 28 ans belle et pleine de vie comme toi a une famille, des amis. Alors, on essaie de trouver sa place, discrètement, être là…

Un jour, nous nous étions donné rendez-vous pour un déjeuner « entre filles » et la veille, tu m'as dit que tu avais quelqu'un à me présenter. Nous nous sommes retrouvées devant le restaurant, vous êtes arrivés à moto. Il t'a déposée et il est parti se garer plus loin. Et tu m'as dit : tu vas voir marraine, il est beau mais il est beau et il a des yeux, tellement beaux !!!! Et là… j'ai vu arriver un jeune homme aux yeux bleus à tomber par terre avec un sourire lumineux. C'était Vincent. Et oui ! Tout de suite, j'ai su qu'il était d'une gentillesse extraordinaire. Il avait cette façon de te regarder qui ne l'a jamais quitté. Vous avez été heureux, tellement, mais si peu de temps. La vie s'est acharnée sur vous, sur toi. Comment peut-on vivre autant de malheurs en si peu de temps ? Et tu te bats sans jamais baisser les bras. Tu forces l'admiration. Tu forces mon admiration. Je suis tellement fière de toi.

Tu as souhaité écrire, pour toi, pour lui, pour vous et aussi pour le futur. Au fur et à mesure des chapitres de ce livre, on voit à quel point tu évolues, ton écriture aussi est marquée par ce changement, tu grandis, tu mûris et tu choisis de prendre ta vie en main, car tu as décidé que tu n'avais pas d'autre choix que d'être, malgré tout heureuse, pour te sortir de ta douleur, pour te battre au mieux contre la maladie. Ton futur, c'est ton petit Gabin et aussi, je te le souhaite, plein de belles choses à venir, dans ta vie de femme, tu es jeune et belle et tu le mérites plus que n'importe qui. Cela n'effacera jamais ton passé, même si on effaçait bien Adolf, oh oui on voudrait bien l'écraser celui-là et ne plus jamais en entendre parler… Je crois qu'on ne refait pas sa vie, je déteste cette expression, on la continue, tout simplement, avec ce qu'elle a de beau, ou pas, à nous apporter, on ne choisit pas. Tu as quelques étoiles qui brillent dans le ciel pour toi. Alors, je leur demande de veiller sur toi.

Ta marraine,
Marie-Claire

La mort ne passe-t-elle pas
pour être aux maux le plus
efficace des remèdes ?

Euripide

Préambule

Marie a 26 ans, elle est infirmière depuis six ans et vit avec Vincent, leur petit Gabin et Bagheera, leur chat noir, dans un petit village situé à quarante kilomètres au nord de Clermont-Ferrand. Ils sont propriétaires d'une maison quasiment neuve.

Marie est une femme, tout ce qu'il y a de plus banal, châtain aux yeux bleus, un mètre soixante-cinq pour beaucoup trop de kilos. Toujours le sourire, une joie de vivre naturelle et un sens de l'humour parfois un peu douteux. Humour noir, 12e degré, absurde et ridicule. Elle aime pouvoir rire de tout et surtout faire rire. Une qualité pour laquelle elle pense être appréciée. Elle a très peu confiance en elle, se dévalorise beaucoup à avoir sans cesse l'impression de ne jamais en faire assez et de ne jamais être à la hauteur. Elle ne se préoccupe pas d'elle, seulement des autres. C'est ce qui l'anime dans son quotidien, autant familial que professionnel. Elle aime la vie, le monde, la foule, en fait elle aime les autres. Tellement que l'idée d'être seule est anxiogène et qu'elle préfèrerait être mal accompagnée plutôt que d'écouter le silence et de se surprendre à commenter à haute voix tout ce qu'elle fait, rien que pour ressentir la sensation d'une compagnie. Elle a un caractère bien trempé, elle est hyper active et a sans cesse besoin d'occuper ses dix doigts et surtout son cerveau.

Vincent lui a bientôt 28 ans, il est technicien de maintenance dans une grosse entreprise internationale, dont le siège se situe à Clermont-Ferrand. Il est brun aux yeux bleus, un mètre soixante-neuf (non pas soixante-dix, même s'il essaie toujours d'en prétendre le contraire) pour soixante-cinq kilos. L'humour fait aussi partie intégrante de son quotidien et lui aussi n'a aucune confiance en lui. Il est d'un caractère très calme (faux calme), extrêmement minutieux, méthodique, persévérant et donc par obligation, très buté. Quand il a une idée en tête, il ne l'a pas ailleurs mais va toujours au bout des choses.

On peut dire que le couple se complète bien, une complicité évidente et chacun sait trouver les mots pour redonner confiance à l'autre lorsque c'est nécessaire. Chouchoune et Doudoune (on ne fera pas de commentaire sur leurs surnoms respectifs) s'aiment depuis bientôt huit ans d'un amour fusionnel, passionnel, sincère, complice et haut en couleur. Un duo, qui au commencement ne présageait pas une telle histoire d'amour et qui, vous le découvrirez, ira bien au-delà d'une simple romance.

Ils sont pacsés et ont eu un petit Gabin né en 2020. Châtain aux yeux bleus, quatre-vingt-cinq centimètres d'énergie. Un caractère déjà bien marqué qui pour le coup est un joli mélange de celui de ses parents. À la fois, très carré, tout doit être à sa place et à la fois un besoin d'être en mouvement constant. Un sens de l'humour inévitable et un sourire pendu à ses lèvres presque toute la journée. Tout ce qui donnerait envie d'en avoir un deuxième, mais le couple est pragmatique et au vu de la conjoncture, ils s'arrêteront à un seul enfant. Ayant travail, maison et enfant, il est temps pour eux de penser économie, pour le plaisir, les voyages, les loisirs quelconques. Ils veulent profiter de la vie et assurer celle de leur progéniture.

Leur histoire commence en avril 2015, ils s'installent ensemble quasiment dès le début de leur relation. Ils vivent un coup chez la mère de lui, un coup chez les grands-parents d'elle jusqu'à la fin de leurs études. Une proposition de poste à Roanne sera faite à Vincent et il acceptera. L'aimant déjà éperdument et étant fraîchement diplômée aussi, elle le suit. Ce départ marque un tant soit peu une pause brutale dans leur vie, elle a 19 ans et lui 22. Terminées les soirées étudiantes et leur quotidien de jeunes amoureux clermontois. L'absence de la famille et des amis est difficile à vivre pour le couple, très proche des leurs.

Vincent très proche d'Éric, son papa, sur qui il peut toujours compter. Une passion commune les unit, le son. Bercé dedans depuis tout petit, c'est à celui qui aura le matériel le plus performant en faisant la meilleure affaire. Autant vous dire que son père le bat à chaque fois. Ils ont les mêmes goûts musicaux et Vincent essaie tant bien que mal de convertir sa bien-aimée à cette passion. Mais là où il voit la beauté des enceintes et la précision du son, Marie ne voit que des colonnes et des câbles qui encombrent son salon en ternissant et dérangeant sa décoration à laquelle elle prête beaucoup d'attention. Mais comme dans chaque couple, des compromis se font, les choses évoluent, changent, l'amour prime et vous verrez que Marie finira elle aussi par tomber dedans.

Vincent est moins proche de sa mère, Marie-Noëlle, un caractère très particulier, il passe son temps à arrondir les angles pour éviter les conflits, comme il dit souvent « c'est ma mère ». Il a une sœur, Manon, qu'il aime plus que tout et serait prêt à tout pour elle. À cette époque, elle est en pleine crise d'adolescence, n'a pas toujours les bonnes fréquentations, leur relation devient alors un peu compliquée et distante. Une chose est sûre, il ne cesse de répéter à Marie qu'elle va grandir et que leur relation évoluera positivement quand elle vivra plus chez sa mère.

Marie de son côté a une petite famille, pas très unie à ce moment-là. Un père aux abonnés absents depuis le divorce quelques années plus tôt. Grâce à Vincent, elle renouera avec lui quelques mois avant qu'il ne décède. Une relation avec sa maman, Angélique, très compliquée, elles ne se parlent plus depuis que Marie est partie vivre chez ses grands-parents maternels, mamie Martine et papy Coco, jusqu'à la fin de ses études, la cohabitation n'étant plus possible. Sa sœur Alex vivant toujours chez leur mère, elles ne se parlent plus non plus. C'est le décès de leur papa qui réunira le trio et une famille se reformera au fil du temps.

Au début de leur vie roannaise, ils reviennent les week-ends où Marie ne travaille pas, tellement leur Auvergne natale leur manque. Ils dorment souvent chez Marie-Noëlle, lieu le plus proche de chez eux et qui permet de profiter de sa sœur, d'aller voir son père et de participer aux fameux apéritifs du dimanche soir chez Annie, sa tante. Une tradition familiale à laquelle ils tenaient beaucoup et qui leur réchauffait le cœur avant de regagner les terres de la région Roannaise, toujours avec un goût amer. Ils iront de temps à autre dans la famille de Marie mais beaucoup moins souvent.

Ils finissent par espacer un peu leurs allers-retours, les week-ends Auvergnats devenant vite un marathon, comme s'il fallait voir tout le monde à chaque fois, pour ne vexer personne. Fatiguant pour le couple qui commence à se résoudre à vivre ici, puisque la mutation dans l'autre sens est impossible.

Mais de très belles rencontres finissent par se faire, notamment dans cet immeuble, devenu quasiment une collocation tellement tout le monde se voyait tous les jours et où il suffisait de crier « apéro » par la fenêtre pour que tout l'immeuble se déplace. Une bouffée d'air frais pour le couple. Il est sûr et certain qu'ils ne feront pas leur vie ici, mais ils retrouvent leur jeunesse et la joie des lendemains cuites.

En septembre 2018, ils se pacsent et déménagent dans une maison, de la location mais ils ont un terrain et de l'espace. Le quotidien devient plus léger, la famille et les amis viennent plus souvent et une réelle amitié s'est créée dans cet immeuble. Ce fameux immeuble où quelques mois avant le déménagement, alors qu'ils s'apprêtent à aller boire un énième apéro chez le voisin, Vincent demande à Marie d'arrêter sa contraception. Il ne voulait plus seulement qu'elle soit sa femme, il voulait qu'elle soit la mère de ses enfants. Ils enchaînent les tests de grossesse, toujours négatifs, et n'y parviennent pas. Ils regardaient l'immobilier aussi pour devenir propriétaires mais rien ne leur convenait. Ils comprennent très vite que rien ne fonctionnera tant qu'ils seront dans cette région. Ils doivent rentrer coûte que coûte. Miracle, la mutation à Clermont-Ferrand est enfin acceptée. On est en juin 2019 et les voilà de retour sur le sol de Vercingétorix.

Ils commencent leurs nouveaux boulots, Marie se cherche et enchaîne les petits contrats et Vincent ne fait pas ce qu'il souhaite mais le principal c'est d'être rentrés. Ils profitent de leurs amis et de leur famille. Le bonheur pour eux, le couple retrouve un équilibre, une liberté, à ce moment-là tout redevient possible. Marie trouve un poste stable dans un service de psychiatrie, ce qu'elle souhaitait plus que n'importe quel autre.

Au mois d'août 2019, ils décident de faire leur pendaison de crémaillère, entourés de leurs amis, une soirée mémorable pour tout le monde puisqu'une semaine après, lors d'une matinée ensoleillée, elle réveille Vincent, test de grossesse positif en main. Elle avait beaucoup trop bu pendant cette crémaillère mais trouvait qu'une gueule de bois qui dure une semaine commençait à faire un peu long. Elle avait vu juste puisque grandissait en elle la fusion de leur amour. Deux ans que le couple attendait ce moment. Ils sont si heureux, ce retour prend une tournure idyllique, tout était parfait, peut-être un peu trop.

Le 21 septembre 2019, c'est l'anniversaire de Marie, 24 ans cette année, papy coco est gravement malade, elle espère qu'il tiendra jusqu'à ce qu'il sache que Titou, surnom de Marie, est enceinte du premier petit-fils de la famille. Son espérance sera vaine puisqu'il s'éteindra alors même qu'elle soufflera ses bougies. Il décède le jour de son anniversaire. Elle prend cela comme un clin d'œil, comme s'il lui disait « prends le relais, Titou ». Elle occultera ce décès pendant de longues années, refusant d'en faire le deuil, malheureusement elle n'y échappera pas.

Quelque temps plus tard, ils organisent un repas pour annoncer à Gaëlle et Quentin qu'ils seraient les parrain et marraine de ce petit bout.

Gaëlle est la meilleure amie de Marie depuis leurs études, une réelle amitié entre ses deux femmes qui ne cesse de s'accroître au fil des années. Elles se sont connues à l'école d'infirmière et sont devenues deux sœurs que rien ne sépare. Elle joue un rôle crucial dans la vie de Marie et ne peut se passer d'elle. Son âme sœur au féminin. C'est aussi l'amie de Vincent depuis le collège, coïncidence ? Vous le découvrirez plus tard.

Quentin est le cousin de Vincent, inséparable depuis l'enfance, ils ont fait les 400 coups ensemble, comme des frères. Vincent voit en cette demande une façon de renouer ce lien entre les deux après un passif un peu abîmé par les épreuves du passé. Il veut retrouver son cousin, son frère. Une demande acceptée par les deux qui renforcera leurs liens à tous et bien au-delà.

On est le 10 mai 2020, Gabin est né et du haut de ses quarante-neuf centimètres et demi, un accouchement relativement rapide, dans la douleur à cause d'une péridurale qui ne fonctionnera qu'à moitié. Ce si petit bébé une fois dans leurs bras efface toute la douleur endurée et marque le top départ d'une vie à quatre (n'oublions pas le chat). Des parents comblés après deux ans d'attente, heureux, cernés et stressés.

Gabin est un bébé Covid (comme on les appelle), né la veille du déconfinement. Il est calme, toujours souriant, il a fait ses nuits tôt et comme la plupart des nouveau-nés, il a de gros soucis digestifs. Adieu, les petits déjeuners au lit, et bonjour les pyjamas pleins de traces de lait, de régurgitation, de café froid et de douches prises en plusieurs fois. Il se développe bien, marche à 11mois et à la totalité de ses dents avant ses 18 mois. Viendra ensuite la parole qui, une fois commencée, ne s'arrêtera plus, une vraie commère, comme sa mère. Une répartie rare, tout doit être toujours à sa place et une obstination dans tout ce qu'il entreprend. Une énergie débordante, un amour sans faille et sans limite.

Ils aiment leur vie de jeunes parents, même si Marie vit très mal les journées seules à la maison avec son tout petit, nous ne sommes pas loin de la dépression post-partum. Elle hâte de reprendre le travail pour avoir des conversations avec des adultes et ne pas obtenir que des « areuh » en guise de réponse même si ça ne l'empêche pas de continuer de lui raconter tout un tas de choses au quotidien.

Le duo est solide et leur parentalité née, ils n'en oublient pas leurs amis, leur famille et leur couple. Ils sortiront avec les copains dès qu'ils le pourront, feront des repas de famille et se dégageront du temps pour eux, afin de maintenir leur équilibre familial. Autant vous dire que le rythme de vie est plutôt sportif et que bizarrement les lendemains de cuite sont de moins en moins appréciés pour le coup.

En septembre de cette même année, Marie change de travail et n'en bougera plus, elle s'épanouit dans sa vie de femme, de maman et d'infirmière. Il est maintenant temps pour le couple de mettre sa famille à l'abri et de prendre le chemin de l'acquisition immobilière. Ils trouvent LA maison. Plein pied neuf avec peu de travaux et de surcroît dans leur budget. Tous les feux sont aux verts pour eux. Elle se trouve à la campagne, un peu éloignée du travail de Marie mais c'est un coup de cœur pour Chouchoune et Doudoune. Alors ils se lancent.

Juin 2021, ils s'installent après trois semaines de travaux intenses, ils sont heureux, ils ont réalisé leur rêve et vivent une vie paisible comme la plupart des foyers. Ils sont enfin propriétaires, parents et soulagés de savoir que quoiqu'il arrive leur petit Gabin serait à l'abri. Ils ne croyaient pas si bien faire…

Vous allez me dire que pour le moment c'est l'histoire d'une famille, tout ce qui a de plus commun mais je vais vous raconter la suite, comment Marie est tombée malade d'amour. Son histoire montre à quel point l'univers bouleverse nos vies, non pour y mettre une fin mais pour la faire évoluer, changer, parfois rencontrer, retrouver et emprunter de nouveaux chemins. Elle en est la preuve et je vous en fais son témoignage. Quand sa vie bascule en une fraction de seconde et qu'elle se retrouve condamnée à vivre.

Quand elle passe d'une femme comblée dans une vie bien rangée à celle d'une veuve et mère isolée du jour au lendemain, celle d'une infirmière qui quitte la blouse blanche pour la chemise d'hôpital et comment le cancer a pris sa place par perte de l'amour de sa vie. Vous découvrirez son combat au quotidien pour survivre et subsister pour tenter de ne pas succomber. Quand tout s'effondre et que l'on trouve des ressources qui semblaient insoupçonnées, voire inexistantes. Comment son fils, son entourage omniprésent, son travail, sa psychologue, son compte en banque et ses nuits seront vitaux pour elle ? « Rester debout ! » pour ne pas sombrer dans la douleur et se noyer dans l'ivresse de la tristesse.

Une histoire remplie d'émotions : tristesse, colère, haine, injustice, larmes, joie, humour, et amour qui, vous le verrez, seront pour Marie le fruit de l'espérance.

Chapitre 1

Nous sommes début mars 2022, et ce samedi a lieu le salon de la moto de Lyon. Première balade moto de l'année. À cette occasion, Vincent organise une sortie en groupe réunissant famille et amis. Il passe à peu près toutes ses soirées de cette semaine-là à préparer sa moto et celle de Quentin. Des soirées entières dans le garage à réparer d'un côté pour trouver des problèmes de l'autre. Des kilomètres parcourus pour aller chercher des pièces, tout devait être prêt pour le jour J. L'excitation se lisait dans ses yeux, il était fatigué mais tellement impatient, un enfant devant les portes de Disneyland.

Marie de son côté passe sa semaine à s'occuper de Gabin, de l'intendance de la maison, tout en jonglant avec son travail d'infirmière un tant soit peu épuisant. Le rythme est soutenu au travail, elle n'a pas pris de vacances depuis longtemps et vit un peu mal le fait de tout devoir gérer seule, pourtant elle adore ça habituellement. Mais elle voit peu Vincent et ça fait toute la différence pour elle. Il est un soutien, sa présence, son implication pour sa famille a un réel impact sur la jeune femme. Elle se rend compte à quel point elle l'aime. Alors oui, elle vit mal les premiers jours, elle se sent un peu surmenée et se sent oubliée par Vincent. Elle a plus l'habitude d'avoir moins d'attention et qu'il soit complètement pris par quelque chose d'autre. Mais son énergie débordante doit bien être quelque part, elle est juste un peu à cran et moins compréhensive que dans leur quotidien. Alors elle décide de se focaliser sur l'essentiel, son doudoune, qui en rêve jour et nuit de cette sortie. Parce que s'il y a bien une seule chose qui lui importe à elle, c'est de le voir heureux, tous les jours, de toutes les heures, de chaque minute, de chaque seconde. Alors qu'importe, elle peut bien se fatiguer pendant une semaine pour voir briller les yeux bleus perçants de son amour quand il se couche le soir.

Ils doivent recevoir un couple d'amis, Sarah et Théo, un soir de cette semaine-là. Des amis qu'ils ne voient pas souvent et elle est fatiguée, alors elle prépare un repas rapide, ce qui n'est absolument pas dans ses habitudes. Elle met toujours les petits plats dans les grands et met toujours un point d'honneur à ce que sa maison soit chaleureuse, rangée et accueillante. Ce qui avait parfois le don d'agacer Vincent, de voir Chouchoune en plein stress à chaque fois que quelqu'un venait et parfois de le faire rire tellement elle en devenait ridicule. Mais elle assumait et ne changeait pas. Ils aimaient tous les deux recevoir et là où Marie voyait cela comme la réception de la Reine d'Angleterre, maison rangée, poussière faite, verres à vin adaptés, sous tasse pour le café, multiples planches apéritives, tout devait être toujours parfait ! Vincent se serait contenté de bières à la bouteille et de chips dans leurs paquets. Mais il était inenvisageable pour elle d'ouvrir un paquet de gâteaux apéro sans les mettre dans un joli bol. Mais pour la première fois, elle fera une exception et recevra simplement, l'organisation de la semaine présalon de moto étant beaucoup trop intense.

De plus, ce week-end-là, Alex vient avec son conjoint Benoit, elle est enceinte de se son premier neveu qu'elle aime déjà énormément. Ils vivent dans le sud, à Agde, lui est propriétaire d'un restaurant, il est le cuisinier et elle la serveuse, ils font les saisons donc Alex et Marie se voient peu. Eux pouvant peu descendre entre mi-mars et fin octobre et Marie travaillant un week-end sur deux, il est compliqué de se voir alors elle hâte de voir sa sœur, sa mère viendra aussi. Une semaine intense, pour un week-end de bonheur donc elle décide d'arrêter de râler parce que finalement, elle aussi est pressée d'y être. Un week-end familial, placé sous le signe de l'amour et de la passion. Vincent remontant sur sa moto et Marie, profitant de sa petite famille, ressoudée plus que jamais.

Vendredi 4 mars soir, Alex et Benoit sont arrivés, Vincent et Quentin sont dans le garage en train de finaliser le départ encore et toujours. Marie aura entendu des « j'ai presque terminé », un bon nombre de fois cette semaine et cette fois-ci, elle rit, sachant très bien que c'était faux et que les cinq minutes seront sûrement encore des heures. Mais qu'importe, elle profitait d'Alex, en attendant que les deux mécaniciens du dimanche finissent de préparer leurs petits bijoux, pour le lendemain. Ils finissent par tous boire l'apéro et manger tous ensemble, réunis autour de cette grande table en bois, si chaleureuse, tout en écoutant de la musique. La musique est sacrée chez eux, pas un repas, une journée, une douche ou un trajet de voiture sans écouter des morceaux.

Gabin dort paisiblement depuis quelques heures dans son lit et la bonne humeur est au rendez-vous. Une soirée placée sous le signe de la légèreté, de rires et d'impatience tout de même. Vincent commence de se remplir un nouveau verre de whisky et au vu de l'heure Marie lui déconseille. Il est déjà tard et il se lève dans quelques heures pour reprendre la moto. Conseil plutôt surprenant venant d'elle. On ne va pas se mentir c'est celle des deux qui apprécie le plus l'alcool. Quand ils partent en soirée, c'est souvent lui le SAM. Alors sur ses bonnes paroles, Quentin regagne sa maison et tout le monde part se coucher, impatient que le jour se lève.

Marie se couche en premier et un sentiment étrange la traverse pourtant joyeuse et heureuse jusqu'à présent. L'angoisse et l'insécurité l'envahissent. C'est la première fois que ses sentiments lui traversent le corps, à en trembler. Mais elle décide de ne rien dire, ne voulant pas que Vincent change d'avis sur ses projets du lendemain, qu'une dispute éclate ou même pire, qu'elle lui communique ce sentiment si glacial et si terrifiant que quelque chose de terrible aller se produire. Puis ne comprenant pas, elle-même, ce qui se passait, comment pouvait-elle lui expliquer ?

Allongée sur le côté droit de leur lit, elle lui tourne le dos pour qu'il ne se doute de rien. Il sent qu'elle tremble et que les frissons sont présents. Pensant qu'elle a simplement froid, il la sert contre lui pour la réchauffer et lui déclare son amour tel un poète né. Ces doux mots résonnent encore à ses oreilles, l'expression de ses sentiments si sincères et si identiques aux siens. Une déclaration qui relèverait presque d'une demande en mariage. Les larmes coulent sur ses joues et pourtant ce n'est pas une émotive de caractère. Elle ne pleure jamais devant les films et la seule fois où c'est arrivé, c'est devant un film turc alors qu'elle était enceinte, une bonne occasion pour Vincent de rire un bon coup. Ils sont champions mondiaux de la taquinerie tous les deux. Il y a toujours une occasion pour se moquer de l'autre, une complicité éternelle et rare. L'humour c'est leur quotidien, leur bouffée d'air frais à eux, un des piliers de leur relation. Pour eux, il y en a cinq : la confiance, la communication, la complicité, l'argent et le sexe. Ces cinq piliers sont indispensables à l'équilibre de leur amour et ça fonctionne depuis le début, ou presque.

Mais ce jour-là, ce sentiment qu'une tempête va arriver ne fait que l'envahir, la transpercer, la bouleverser et en faisant sa déclaration d'amour, elle a l'impression que ses mots vont résonner longtemps en elle et qu'ils finiront par avoir un goût amer. Elle finit par se tourner de son côté, le regarde et lui dit qu'elle l'aime. L'enlace tendrement, sent son odeur comme s'il fallait qu'elle ne l'oublie jamais et ils finissent par s'embrasser langoureusement, se feront l'amour et s'endormiront l'un contre l'autre.

Le réveil sonne, il pose ses lèvres sur sa joue et s'éclipse du lit pour ne pas la réveiller. Elle se tourne de l'autre côté et se rendort pendant que lui part rejoindre le groupe de motards, pour cette journée tant attendue.

Gabin se réveille à 8 h 15 ce jour-là, inhabituel, c'est un lève tard, 10 ou 11 heures en temps normal. Marie se lève et va le chercher, ils s'allongèrent dans le lit conjugal, en tentant de ne pas réveiller Alex et Benoît encore endormis. Mais l'angoisse d'hier soir fait son grand retour, la respiration est saccadée, comme si ses côtes compriment ses poumons et elle est nauséeuse et a mal au ventre, il se passe quelque chose de ne pas normal ou il va se passer quelque chose, elle le sait et son corps le ressent. À cet instant même, son téléphone sonne et le prénom de Quentin s'affiche sur l'écran. Elle décroche, redoutant ce qu'il va lui dire. Il est en larme et elle comprend à peine ce qu'il dit et pense à une blague. Elle est même sûre que c'est une blague, persuadée que c'en est une. Parce qu'il est plus beaucoup plus supportable de penser à ça, même si ce serait une blague de très mauvais goût, qu'elle n'aurait pas du tout appréciée. Elle redoute ses mots mais finit par les écouter, devant les affronter.

Vincent est tombé de moto, c'est grave, la réanimation est nécessaire mais le sang coule. Elle ne peut en savoir plus, Quentin ne sachant pas lui-même ce qu'il se passe et étant sous le choc. Elle panique, elle crie et n'arrive plus à réfléchir et l'idée qu'il meurt lui est impensable, insupportable, insurmontable et pourtant elle sait déjà, au fond d'elle, qu'elle l'a perdue. Réveillés par ses cris, Alex et Benoit se précipitent dans sa chambre et c'est le chaos total. Benoit propose de s'occuper de Gabin et Alex reste auprès de sa sœur en essayant de la raisonner. Marie doit s'habiller et laisser sa sœur, enceinte, la conduire à Vertaizon sur les lieux de l'accident.

Tout se mélange et devient flou dans sa tête. Elle prend des décisions qui ne sont pas des priorités mais qui rationalisent ce qui se passe. Par exemple, l'idée d'appeler et de prévenir son boulot devient indispensable. Elle doit les prévenir que Marie serait absente la semaine prochaine pour être au côté de son doudoune à l'hôpital, pourtant persuadée qu'il n'irait pas jusque-là. Elle appelle sa mère aussi qui prend sa voiture illico presto pour les rejoindre sur les lieux du drame. Marie finit par s'habiller en deux en trois mouvements et elles prennent la route. Elle a envie de vomir, tremble, elle scrute son téléphone et craint l'appel, qui mettrait un terme à leur vie si parfaite. Le trajet est interminable. L'espace d'un instant, son sang se glace et elle comprend, elle comprend qu'elle l'a perdu, que c'est fini et a l'impression de mourir avec lui. Au même moment, elle reçoit cet appel, cet appel qui changera sa vie à jamais. L'homme de sa vie, le père de son fils vient dc succomber à ses blessures et les sentiments qu'elle ressentait la veille au soir prennent tout son sens. Ils se sont dit adieu sans le savoir, aimés jusqu'au dernier baiser posé sur sa joue droite quelques heures avant qu'il ne parte pour un autre chemin.

Arrivée sur les lieux de l'accident, elle veut courir mais elle a les jambes et le souffle coupés, elle avance mais titube, voit flou et surtout elle ne le voit pas. Il est où ? Elle le cherche, voit la moto, posée sur sa béquille comme si de rien était. Mais comment c'est possible que la moto ait l'air en si bon état alors que lui…. Il y a un camion de pompier ou peut-être deux, elle ne sait plus. Elle regarde partout, il y a du monde, trop de monde, elle a la nausée et ne sait pas ce qu'il faut faire. Quentin arrive, les larmes aux yeux, et la prend dans ses bras et elle répète sans arrêt « mais ce n'est pas possible, dis-moi que ce n'est pas vrai », une phrase qu'elle ne cessera de répéter pendant des journées et semaines entières. Elle demande une cigarette, comme si ça allait tout changer de recommencer à fumer. Tout le monde s'approche d'elle, ne sachant que dire à part de lui proposer de s'asseoir sans cesse afin qu'elle ne tombe pas de douleur. Mais elle refuse, elle se doit de « rester debout ! ».

Elle veut le voir, c'est une obsession, elle doit le voir. Pour ça, elle doit attendre le médecin, qui finit par arriver et qui lui explique qu'il est dans le camion, que les soignants le préparent et qu'il sera bientôt prêt et qu'ensuite elle pourra le voir. Elle acquiesce mais se demande bien à quoi cela peut servir de le préparer puisqu'il est mort mais, déboussolée, elle patiente. Elle ne cesse de répéter qu'il est impossible que son petit Gabin n'ait plus de papa, que cet accident n'est qu'un cauchemar et qu'elle ne peut vivre sans lui. Elle ne peut pas tout perdre, tout son monde s'effondre et elle ne contrôle plus rien. Elle ne peut faire sa vie sans lui, c'est inenvisageable. C'était eux deux ou personne, elle veut mourir à ce moment-là tellement la douleur la transperce et est insupportable.

C'est à cet instant que son regard se pose sur Éric, le papa de Vincent. Elle n'avait plus d'autres pensées que pour lui. Elle voulait le rejoindre et l'enlacer mais comment pourrait-elle affronter le regard d'un père formidable qui vient de voir mourir son fils ? Elle ne se sent pas à la hauteur et se sent désemparée, toujours envahie par ce désir de mourir.

Angélique arrive et prend sa fille dans ses bras. Elle la serre si fort qu'elle aurait pu lui prendre toute sa douleur si elle avait pu. Elle pleure, aussi sous le choc, désemparée, tentant de trouver les mots pour apporter de la force, du courage et du réconfort à son aînée, qui vient de voir sa vie prendre un virage à 360 degrés. Mais Marie ne l'écoute pas vraiment, elle est incapable d'entendre quoique ce soit. Elle veut juste le voir.

Les amis, la famille arrivent au fur et à mesure sur les lieux de l'horreur, la prenant dans leurs bras, lui demandant de s'asseoir sans cesse, mais elle refuse, elle veut « rester debout ! ».

Gaëlle arrive peu de temps après, ses yeux verts noyés dans les sanglots. Elle prend dans ses bras sa meilleure amie. En quelques secondes, elle voit l'avenir de sa sœur et de son filleul détruit, démoli par la mort de son ami d'enfance. Elle a, comme tous les autres, du mal à trouver les mots, tous plongés dans l'horreur et la tristesse et Marie la regarde répétant toujours la même chose, que ce n'est pas possible que ça lui arrive. Elle se souviendra juste de ses mots : « Je serais toujours là, tu y arriveras, on y arrivera, ensemble. »

Les larmes coulent, elle a froid, fume cette cigarette, la regarde se consumer et la compare à sa vie, en train, elle aussi de partir en fumée. Le temps est long et la seule chose à laquelle elle pense encore et toujours, comment va-t-elle affronter Éric. Cet homme si généreux, si aimant, ce beau-papa avec qui elle entretient une belle relation. Comment va-t-elle faire pour lui parler, le regarder ? Il est assis contre un arbre fumant une cigarette roulée et portant sur ses épaules la culpabilité de ne pas avoir sauvé son fils aîné ou pire de ne pas être à sa place dans ce camion. Elle le comprend, rien qu'en le regardant, sans qu'il ne sache que ses yeux sont rivés que sur lui.

Le médecin finit par donner à la jeune veuve l'autorisation de le voir, apportant toutes les explications médicales, administratives, policières et organisationnelles. Elle n'écoute pas, elle ne veut pas écouter, elle veut juste voir le corps inanimé de son défunt conjoint. Elle en veut la preuve et monte dans ce camion seule.

Son visage est si pâle et froid, un moment de sérénité s'installe, Marie prend une grande inspiration et lui parle. Elle sait que c'est une des dernières fois et qu'il n'est peut-être pas totalement parti et que ces derniers mots seront leur dernier échange. Elle commence par lui dire qu'elle l'aime de toutes ses forces, qu'elle ne lui en voudra jamais, qu'elle élèvera leur fils du mieux qu'elle pourra et qu'elle prendra soin de ses proches. Elle lui demande comment elle fait pour s'endormir maintenant ? Lui dit qu'elle ne connaîtra jamais la fin de la série qu'ils ne pourront pas terminer ensemble. Comment sera-t-elle une bonne mère sans lui ? Elle lui demande de lui donner la force d'affronter ça, de l'aider dans ses prises de décisions, de ne pas l'abandonner complètement, tout en lui caressant la joue. Puis elle l'embrasse et ses lèvres sont si froides que l'envie de hurler s'installe et que la terreur prend le dessus mais elle se résout à ne pas crier et ne repense qu'à une seule personne, Éric. Elle ne sait pas pourquoi à ce moment-là, elle pense que seul lui peut l'aider à ne pas s'effondrer, alors elle ouvre la porte du camion, si lourde, et il la rejoint à sa demande. Elle comprend que pour lui c'est l'enfer et elle se sent horriblement honteuse et monstrueuse de lui infliger ça. Elle culpabilisera longtemps de lui avoir fait cette demande, qu'elle juge extrêmement égoïste, encore aujourd'hui. Elle finit par descendre du camion et les souvenirs à ce moment-là sont flous.

Elle reçoit un appel de Marie-Noëlle lui demandant quand est ce qu'il arrive au CHU ? Marie lui répond que comme il est décédé, il n'ira pas au CHU, que les pompes funèbres vont venir le chercher. D'un ton très sec, elle lui demande où est ce qu'il est ? Elle lui répond que pour le moment il est dans un camion de pompier en attendant les pompes funèbres, puis elle raccroche. Ils arriveront une vingtaine de minutes après, sa mère, son conjoint, sa sœur et son copain alors que tout le monde est en train de se diriger dans une salle à côté, où la cellule psychologique d'urgence de Clermont-Ferrand vient d'être mise en place. En arrivant, sa mère hurle « il est où ? » et monte le voir dans le camion.

Sa sœur Manon est en larmes, terrifiée et tiraillée. Elle craint de voir le corps inanimé de son frère et en même temps craint de regretter un jour de ne pas l'avoir vu dans ce camion. Éric et Marie sont à ses côtés pour la conseiller du mieux qu'ils peuvent. Ils n'ont sûrement pas les bons mots, eux-mêmes assaillis par la douleur et écoutant les hurlements de Marie-Noëlle dans ce camion.

Marie, ne supportant plus les cris de sa belle-mère, se réfugie dans la voiture de sa mère pour rejoindre la salle où les employés de la mairie ont préparé une collation. On lui offre un café et elle accepte enfin de s'asseoir pour le boire. Le café est bouillant et de surcroît dégueulasse. Pas vraiment réconfortante, cette collation. Marie a les yeux remplis de larmes mais elle rit parce que le café est mauvais. Vincent aurait râlé de boire un café de cette qualité. Ils avaient une cafetière De Longhi chez eux et ils moulaient le café eux-mêmes, tellement ils aimaient ce goût torréfié. Ils buvaient de l'italien, un café fort, corsé et plein d'arômes, à l'image de leur relation. Ils appréciaient de le boire ensemble le week-end en écoutant les vinyles des Pink Floyd ou ceux de Queen.

Marie repense à tous ces moments, les lunettes pleines de buée, produite par la chaleur de son café. Elle revient à elle et partage avec ses amis, Pierre, Manon et Gaëlle, assis à côté d'elle, pourquoi elle rit et chacun se permet à cet instant de rire avant de se remettre à pleurer. Une fois le café terminé, elle sort et demande de nouveau une cigarette, la première d'une longue série, alors que ça fait trois ans qu'elle avait arrêté. Des personnes lui parlent, amis, famille, elle entend mais n'écoute pas. Elle se souvient juste de la question d'Auxane, qu'est-ce que je peux faire pour toi ? Elle répondit d'aller lui acheter un paquet de cigarettes et un briquet. D'autres amis arrivent, Antoine, le meilleur ami de Vincent et conjoint d'Auxane, Audrey et Sarah, des amies du couple. Gaëlle ne la lâche pas, elle la suit partout, elle ressent sa présence mais n'entend que du brouhaha, reçoit des câlins mais ne sait même pas de qui, elle est perdue dans ses pensées, déboussolée, détruite, le cœur en miettes. Elle regrette de ne pas être restée plus longtemps dans ce camion, avec lui. Mais il est parti et ne pourra le revoir dans son cercueil, que quelques jours plus tard.

Elle finit par reprendre ses esprits et pense organisation, et c'est ce qui va lui permettre de trouver le courage de parler à Eric. Elle lui propose alors de venir le lendemain chez elle pour parler de l'enterrement, ainsi qu'à Manon. Ce qu'ils acceptent tous les deux. Elle rejoint ensuite sa belle-mère pour lui faire la même proposition mais sa réaction fut bien différente. Elle entendra que c'est de sa faute s'il est mort, qu'elle n'aurait jamais dû le laisser partir. Sous le choc de ses propos infâmes, Marie réitéra sa question concernant l'invitation du lendemain, décidant d'occulter ses mots qu'elle n'a pas la force d'accepter ou même de comprendre. Son conjoint finira par lui répondre positivement à l'invitation, à la place de femme.

Les minutes semblent des heures, elle a le regard dans le vide, se taire dans le silence et pense à son bébé de bientôt 22 mois, qui est dans sa maison en train de jouer et de courir partout avec Benoit et mamie Martine, sûrement arrivée dans la matinée pour apporter son aide et être présente quand sa petite-fille passera la porte de sa maison pour la première fois sans son Vincent.

Delphine, psychologue, vient se présenter à Marie et la sort de ses pensées, pour lui apporter son soutien et lui expliquer le pourquoi de sa présence. Elles s'assoient à une table, elle a une voix douce, légère et réconfortante. Un regard apaisant, Marie ressent l'expérience et l'humanité de cette femme. Son métier et son expérience de la psychiatrie lui ont permis de cerner très vite les gens. Elle sait à ce moment-là que Delphine est une belle personne. Mais clairement, elle ne veut pas lui parler et cette psychologue le comprend très vite. Elles discutent quelques minutes, n'étant pas réceptive et même pas aimable, l'entretien fût express et se termine rapidement. Marie ne veut pas parler, c'est impossible de parler de la mort de Vincent parce que c'est impossible qu'il soit mort. Donc elle pense ne jamais la revoir mais Delphine ne la lâchera pas. Elle ne sait pas à ce moment-là qu'elle jouerait un rôle crucial dans les prochains mois. Épuisée, anéantie, elle ne voit pas ce qu'elle fait là, plantée, à ne pas parler et ne sait pas ce qu'elle doit faire. Elle veut juste quitter cet endroit et ne plus jamais y revenir. Sa mère lui propose de la ramener chez elle et elle acquiesce.

C'est le moment pour elle de regagner son foyer, affronter son fils et sa famille sans savoir comment elle allait survivre à ce drame.

Chapitre 2

Ce foyer, une jolie maison neuve et moderne, achetée quelques mois auparavant, un vrai coup de cœur pour ce couple. Un plein pied, remis à leurs goûts et à leur image. Un salon en pierre de parement pour le côté chaleureux, apportant un peu de charme et un séjour rempli de décorations murales dans les tons dorés, naturels, quelques miroirs et une grande table en bois pour mettre en valeur la couleur vert sapin de ce grand mur.

Marie est une passionnée de décoration, elle aurait été décoratrice d'intérieur, si elle avait échoué à ses études d'infirmières. Deux métiers bien différents qui reflétaient son hyper activité et son ambivalence permanente, qui l'ont poussé souvent à tout remettre en question, pour finalement ne jamais rien changer. Il a aussi un double garage, permettant de ranger la tonne d'outils de Vincent, son matériel de musique qu'ils utilisent pour les évènements festifs et enfin de pouvoir mettre à l'abri sa moto et leurs deux voitures. Critère très important pour lui qui aimait prendre soin de ses véhicules et de tout ce qu'il possédait en général. Un grand terrain entourait cette habitation et ils étaient impatients de voir leur petit bambin en faire le tour avec son vélo, au printemps qui commençait de faire son apparition. Un vrai nid d'amour qui n'imposait aucune concession pour ses jeunes parents et ne voyait que le bonheur s'édifier.

C'est à cela qu'elle songe, muette, regardant par la vitre de la 208 jaune de sa mère, sur le chemin du retour. Les nuages eux aussi semblaient s'être mis en pause, au même titre que le temps et de sa vie. Ce trajet lui semble interminable, elle tremblait de tout son corps tellement son sang était glacé, comme si elle était en fines bretelles, un soir d'hiver neigeux. La voiture s'arrête, elle comprend qu'elle est arrivée, enfin. Soulagée d'être chez elle alors qu'elle angoisse d'ouvrir la porte et qu'elle ne sait toujours pas ce qu'elle doit faire, elle n'y croit toujours pas et les larmes coulent sans qu'elle ne puisse les contrôler. La voilà devant cette porte gris anthracite et rentre. Il règne une immense impression de vide, d'abandon et de désespoir alors même que la maison est pleine de jouets et qu'elle pouvait encore respirer l'essence du doux parfum de Vincent, resté en apesanteur dans la salle de bain.

Mamie Martine est là, elle la prend dans ses bras pleurant toutes deux, de ce drame affreux que vient de vivre sa petite-fille. Elle lui propose de manger mais elle ne peut rien avaler. Sa bouche est sèche, les nausées sont omniprésentes et une sensation de pesanteur dans l'estomac tellement importante, qu'il doit être rempli de pierres. Elle ne mangera presque rien pendant plusieurs jours et mettra plusieurs minutes à avaler ne serait-ce qu'un yaourt.

Gabin est à la sieste quand Marie rentre. Quel soulagement pour la maman qui a si peur d'affronter son petit bébé qui vient sans le savoir de perdre son papa ! Elle est effrayée quand elle pense à son réveil : comment va-t-elle réagir ? Que va-t-elle lui dire ? Mais ce besoin de le serrer dans ses bras est primordial, il ne lui reste que lui. Ce bébé qui ressemble tant à l'homme encore allongé à côté d'elle, la nuit passée. Il a ses yeux bleus perçant, le même épi dans les cheveux, la même démarche, les mêmes expressions de visage. Déboussolée et ne sachant que faire le temps que son bébé se réveille, elle se met dans son canapé gris en tissus, un coussin sur elle, en guise de réconfort et écoute sa maman discutant avec sa mamie jusqu'à ce qu'elle se qu'elle se rende compte de l'absence d'Alex et Benoît.

Ils ne sont pas là et se souviennent pourtant qu'elle a quitté les lieux de l'accident bien avant elle. Que se passe-t-il ? Elle demande alors à sa mère, pétrifiée d'entendre sa réponse. Alex a des contractions, ils sont partis aux urgences pour être certains que tout va bien et se rassurer. Elle terminait tout juste le premier trimestre de sa grossesse et le choc de l'accident avait provoqué des douleurs intenses. L'inquiétude et l'angoisse reviennent au galop, Marie ne peut envisager que sa sœur perde son bébé parce qu'elle vient de perdre sa moitié. Elle ne fait que cogiter à cela et ne peut concevoir une fausse couche. Ils finissent par rentrer et heureusement tout va bien pour tous les deux. Quel soulagement, Marie ne porte plus le poids de tout l'univers sur ses épaules, seulement les quatre-vingt-dix-neuf virgule neuf pour cent restants.

Gabin se réveille de la sieste et il est temps pour Marie d'affronter ce qui la terrifie le plus, affronter son fils. Tout le monde lui propose de s'en occuper, au moins aujourd'hui, ce qu'elle refuse, sachant pertinemment que le lendemain et que tous les jours à venir seront sûrement pareils. La peur au ventre, la respiration coupée, les yeux gonflés remplis de larmes et la bile ne cessant de remonter, l'estomac étant vide depuis la veille au soir. Mais il le faut, « rester debout ! », sa nouvelle devise à partir d'aujourd'hui. Elle doit s'occuper de son fils seule, pour Vincent, maintenant que lui ne pourra plus jamais le faire. C'est le sourire de son petit prince qui lui donnera la force de lui dire pendant quelques semaines que papa n'est juste pas là, qu'il est au travail ou parti faire quelque chose. Très mauvaises excuses selon cette maman maintenant seule, qui cherche le courage d'annoncer cette perte à son enfant afin qu'il ne se construise pas sur un abandon et qu'il sache que papa n'a pas eu d'autre choix que de nous laisser. Il joue avec son camion poubelle, une passion à ce moment-là pour ce petit. Une sensation très déstabilisante pour tout le monde, son papa avait la même étant petit. Une passion complètement naturelle qui reflète bien ce lien qui les unira toute sa vie. Il n'est plus là mais il vit à travers lui.

Le mensonge, elle déteste ça, Marie, le trouvant destructeur et inutile. Mais la douleur est si intense que quand elle se décide à dire la vérité à son tout petit, sa gorge se noue, ses yeux pleurent et elle est incapable de sortir ne serait-ce qu'un mot. Elle se sent en dessous de tout, ridicule et mauvaise mère. Elle culpabilise de lui mentir, de ne pas trouver la force et se demande comment va-t-elle pouvoir l'élever seule sans lui, sans son pilier, sans l'homme qui lui donnait confiance en elle.

Elle doit, avec son fils, construire une relation de confiance, de complicité et d'amour éternel. Il aura besoin d'une maman forte sur qui il pourra compter, elle le sait, même si pour le moment sa maman ressemble plus à un vieux pull oublié dans un placard.

Parce qu'avant que cette sortie moto ne vienne détruire cette jolie famille, les horaires de cette infirmière faisaient que l'employé de Michelin était beaucoup plus présent auprès du petit Gabin. Ce qui a fait naître une complicité et un amour fusionnel entre eux. Une relation père-fils comme Vincent l'avait toujours espéré et imaginé. Il voulait que son fils l'admire, l'aime et qu'il puisse compter sur lui, autant que lui le pouvait avec son papa, très fier de la relation qu'il entretenait avec lui. Les mêmes goûts musicaux, une passion pour les voitures. Gabin connaît la plupart des marques de véhicules et passe son temps à dire que « Renaud c'est nul ». Ils vont au parc à côté de chez eux, se baladent à vélo, regardent des dessins animés avec les pop-corn faits par Marie, jouent à la bagarre ou transforment le salon en garage automobile.

Marie passait beaucoup moins de temps à la maison et les moments de complicité avec son bébé étaient beaucoup moins présents mais elle faisait toujours de son mieux et profitait de lui dès qu'elle le pouvait. Ses journées de repos où elle jonglait entre l'entretien de leur maison et les besoins d'être avec son tout petit Gabinou. Ils lisaient tous deux des tas d'histoires enlacés dans le canapé, dansaient dans le salon entre deux lessives, jouaient au docteur (doudou tombait souvent malade) et ils finissaient souvent par jouer avec les tracteurs qui l'adorent encore aujourd'hui.

Elle culpabilisait beaucoup d'être si peu présente et Vincent lui faisait souvent la réflexion d'être absente un week-end sur deux. Des reproches qui ne l'aidaient pas vraiment à se déculpabiliser et qui de surcroît la blessaient. Son métier était sa passion et il engendrait quelques concessions auxquelles elle ne voulait pas renoncer pour le moment. Mais elle envisageait fortement de reprendre ses études l'année suivante pour devenir cadre de santé. Cela signifiait, monter en grade et gagner en qualité de vie familiale. Alors pour être plus présente pour son fils, elle va devoir changer son train de vie au travail, elle ne sait pas encore comment mais elle le fera et vous verrez qu'elle y arrivera. Une maman dans le désarroi mais déterminée à tout faire pour son fils. Elle pense à cela, regardant son fils jouer dans le salon alors que ses copines sont arrivées depuis un moment maintenant.

Gaëlle, Manon et Albane sont venues soutenir leur copine, apporter juste une présence. Les mots sont toujours manquants et Marie est tellement choquée, qu'elle ne parle pas. Plantée dans son canapé, elle ne bouge pas, attendant que le temps passe, en écoutant les autres discuter.

La mairesse du village passe pour présenter ses condoléances, elle est très touchée et surprise. Puis Gaëlle finit par la convaincre d'aller prendre une douche, ce qu'elle fait.

En rentrant dans la salle de bain, ses yeux se fixèrent sur leur pendule. Elle ne l'aimait pas et Vincent l'adorait. Elle se souvient de cette grosse dispute à ce sujet, qui s'est soldé par un lancer d'horloge par la fenêtre tellement il était en colère qu'elle lui prenne la tête pour une histoire de décoration. Une de leur plus grosse dispute. Marie déteste énormément se disputer avec lui et culpabilisant de l'avoir blessé, elle finira par la remettre à contrecœur sur le mur et à l'accepter parce que son amour pour lui valait bien plus qu'un truc qui donne l'heure. Elle fait couler l'eau de la douche et ses larmes se remettent à ruisseler alors qu'elle pensait que le réservoir était vide. Comprenant qu'il est inépuisable et elle inconsolable, elle regarde les aiguilles de cette pendule qu'elle trouve toujours aussi moche et se jure de ne jamais s'en séparer.

La nuit tombe, Gaëlle et Louis, son compagnon, sont restés auprès d'elle. Sa maman va rester dormir chez elle et Alex aussi. Elle est épuisée, a mal à la tête tellement elle a pleuré. Alors elle se met en pyjama, s'allonge dans le canapé serrant le pyjama de Vincent, son odeur encore imprégnée dans le tissu. Elle le serre fort contre son cœur ayant l'impression de ressentir sa présence tout en étant consciente que cette odeur ne sera qu'éphémère. Quand sa meilleure amie s'en va, elle part se coucher, affronte son lit vide et froid, enlace ce pyjama et avant même que les larmes et que les pensées refassent leur apparition, le sommeil a pris le dessus et elle s'endort pour la première fois seule, en ne sachant pas ce qui l'attendait au réveil le lendemain.

Sur le petit matin, Gabin se réveille en pleurant et comme d'habitude, elle se leva pour aller le consoler. Un câlin et Morphée refait une réapparition dans le lit du tout petit. Pendant cinq minutes, sa vie était normale, un réveil nocturne parmi tant d'autres avec un bébé. C'est quand elle se recouche, que madame la mémoire se remet à fonctionner et là elle comprend, se souvient de l'horreur de la veille, de l'absence de Vincent dans le lit et les larmes coulent, un chagrin immense s'empara d'elle, réveillant tout le monde et poussant Alex et leur maman à venir la réconforter dans son lit. Elle pleurera toutes les larmes de son corps pendant des heures, inconsolable.

Le jour se lève, au même titre que Gabin. Elle comprend que dorénavant, elle n'aura le courage de se lever que parce que lui se lève. Les envies de rester clouée au lit à ne rien faire sont très présentes mais venant de perdre son papa, Marie sait qu'il ne peut pas avoir une loque pour mère. Alors il faut affronter cette première journée, se doucher, parler, retenir ses larmes. Hors de question pour elle, de pleurer devant son fils alors qu'elle lui ment sur l'absence de son papa. « Maman pleure parce que papa est au boulot », insupportable pour la maman. Elle se retient toute la matinée, préparant l'arrivée de la famille l'après-midi. Il faut de quoi boire et de quoi manger. Elle doit recevoir un minium. Puis dans ce genre de drame, il y a deux types de personnes, celles qui ne peuvent rien avaler et celles qui ne font que manger pour combler le vide. Ce n'est pas parce qu'elle n'a pas faim que les autres ne voudront pas un petit morceau de brioche accompagné d'un café.

Cette après-midi-là, la maison sera pleine. Nous parlerons de l'enterrement, de ses dernières volontés, de l'organisation et dc l'article de journal qu'il faut rédiger rapidement. La mère de Vincent imposera le cimetière, Marie n'étant pas d'accord, mais ne voulant pas d'esclandre, finira par dire oui. Elle ne savait pas à ce moment-là qu'elle s'engageait dans la troisième guerre mondiale avec elle. Heureusement, d'autres sujets seront abordés, apportant un peu de légèreté même si le choc de la veille est présent chez tout le monde et qu'il est difficile de passer outre. L'ambiance est pesante et Marie n'arrive pas à se positionner. Elle essaiera de tenir le coup mais s'effondrera à plusieurs reprises en se demandant comment elle pourrait continuer de vivre sans lui. L'idée lui est insupportable, impensable et elle ne cesse de le répéter, espérant inconsciemment que quelqu'un lui dise comment elle va faire.

Éric est là et encore une fois elle ne sait que faire face à lui. A-t-elle l'autorisation de pleurer alors qu'il vit la pire chose qui existe, la perte de son enfant ? Est-ce légitime de s'effondrer devant lui, alors que son fils à elle fait la sieste dans la pièce d'à côté ? Elle culpabilise mais ne sait pas comment s'y prendre, mais va falloir qu'elle soit là pour lui. Elle connaît son passé douloureux de son beau-père ; des deuils, il en vécut plus d'un, mais celui-là est de loin le plus difficile. Elle ne va pas le lâcher, elle ne sait pas encore comment mais elle sera là pour lui, sachant déjà que Gabin serait une de ses premières clefs. Une relation forte va naître au fil du temps entre Éric et Marie. C'est dans cette relation que la jeune fille trouvera de l'espérance et de la force. Elle fera tout pour lui jusqu'à son dernier souffle, comme si c'était son propre père. Ils se verront énormément avec Gabin et feront tout ce qu'ils peuvent chacun de leur côté pour se soutenir, tellement parfois, qu'ils s'entraîneront mutuellement dans leurs propres chutes.

Angélique est omniprésente, elle a pris la décision de venir vivre chez sa fille pour s'occuper d'elle de son petit moussaillon, comme elle surnomme son petit Gabin, le temps que Marie trouve la force de vivre seule. Un soutien sans faille pour Marie, qui pourra compter sur elle nuits et jours pendant de nombreux mois. Permettant à la jeune maman de se reposer, mais aussi de pouvoir compter sur une présence adulte le temps des repas et des soirées devant la télé. Des nuits blanches mais moins anxiogènes rien que par sa présence au sein du foyer. Ce qui rendra le quotidien plus léger avec des moments de rires, une complicité mère-fille qui renaît, pourtant abîmée dans le passé. Une relation entre Manou, surnom de cette jeune mamie, et Gabin qui deviendra intense et qui comblera à minima l'absence de son papa, que sa maman est incapable de combler pour le moment. Sa mère aura un impact tel qu'elle avancera jour après jour, sans s'en rendre compte, ne serait-ce que par sa présence et son amour. Ce qui comblera un peu cette solitude qui tôt ou tard arrivera et qui la terrifie. Mais pour le moment elle est là et gérer la solitude, elle verra cela plus tard.

Le dimanche se termine, tout le monde rentre chez soi. Marie doit affronter sa première semaine de jeune maman veuve. Elle va commencer par se faire arrêter par son médecin traitant et sa maman en fera autant, pour être auprès de sa fille et l'aider à gérer son quotidien. Marie n'aime pas ce qu'elle devient, elle ne peut pas se laisser aller autant. Alors pour « rester debout ! », elle va se lancer à corps perdu dans l'organisation de l'enterrement et de la succession. Il faut penser concret pour qu'elle avance, hors de question de céder à ses envies de pyjama/lit toute la journée… Mais comment pouvoir faire autrement ?

Chapitre 3

Pour l'heure, Marie a plein de choses à faire, à penser et à organiser pour que l'enterrement, ce dernier au revoir à l'amour de sa vie, se déroule du mieux possible et qu'elle soit certaine que les décisions prises pour ce dernier au revoir soient ce qu'il aurait voulu. Comment pourrait-il donner son aval sur le choix des musiques, des fleurs, des photos et du cercueil ? Il serait contre évidemment, il n'a pas décidé de mourir et de nous laisser, alors s'il pouvait répondre, il dirait qu'il voudrait vivre. Mais il ne peut plus répondre, alors elle fera de son mieux accompagnée des siens.

Elle préfèrerait se lever aux aurores, avaler un café en quatrième vitesse, préparé par son Doudoune, qui se levait plus tôt, tous les matins pour déjeuner avec elle avant qu'elle ne parte travailler. Un rituel pour le couple, qui leur permettait de passer 10 minutes ensemble, complices, écoutant la radio, riant, organisant la journée qui venait de commencer. Oui, vous savez, les courses, le ménage, les lessives, récupérer le petit chez la nounou, etc. Toutes ses discussions qui deviennent obligatoires lorsque l'on ne vit plus seul et qui plus est avec un bébé. En outre, des moments légers et hors du temps que le couple appréciait grandement. Ce n'était pas toujours faisable de déjeuner en tête-à-tête. Alors quand c'était impossible, ils s'écrivaient, par échange de post-it, soit mis en évidence sur la table du salon, soit poser délicatement sur la table de nuit ou encore glissé dans leur sac isotherme pour le repas du midi. Ils passaient par tous les styles : caricature, déclaration d'amour, blagues pourries et le « pense à prendre le pain, mon amour, je t'aime » fonctionnait très bien aussi.

Oui, ils n'avaient pas toujours l'inspiration. Que vous voulez-vous, c'est l'intention qui était toujours là !

Pour Marie, organiser l'enterrement doit obligatoirement commencer par un post-it. Leur relation physique est peut-être terminée, son amour à lui l'est sûrement aussi mais pour elle, c'est tout autre chose, l'amour qu'elle lui porte est intact, voire encore plus intense étant devenu inaccessible et c'est ça qui fait un mal de chien. Alors elle va commencer par écrire le dernier post-it de leurs échanges épistolaires, qu'elle glissera dans son blouson en cuir préféré, accompagné d'un post-it vierge au cas où il puisse lui répondre. Celui qu'il portera le jour où il partira en cendre. Rien que d'y penser, elle en a des frissons, le chagrin prend le dessus et l'atrocité de ce qu'elle vit l'envahie de nouveau. Elle notera ses sentiments les plus profonds sur ce post-it jaune fluo, à contrecœur, sachant pertinemment que ce sera le dernier qu'elle écrira et le premier qui sera sans réponse. Putain de merde ! Mais qu'est-ce qui lui arrive ? Pourquoi elle ? Pourquoi eux ? Pourquoi maintenant ? Quel enfer ! C'est un véritable cauchemar qu'elle vit et ce n'est que le début. Le commencement des dernières fois et des premières fois sans lui et cela va durer 365 jours. Une année où le calendrier sera un de ses pires ennemis.

Habituellement elle adore organiser des évènements mais celui-ci est digne de l'ascension du Mont-Blanc. Elle a pris un rendez-vous pour choisir son urne, son cercueil et planifier cette journée qu'elle redoute tant. Elle a convié son papa, sa sœur et sa mère accompagnée de son compagnon, André. Marie sera accompagnée de sa maman, incapable de conduire, tellement affaiblie par les nuits blanches, les repas insuffisants et la douleur qui la transperce. Sa maman restera à l'écart pour les prises de décisions, respectant la famille de son gendre mais soutiendra sa fille du mieux qu'elle le peut. Un moment qu'elle n'est pas près d'oublier. Ils choisissent en premier lieu un cercueil en bois clair dont les poignées sont en cordes, deux matières qu'il aimait beaucoup. C'est à ce moment-là que commence le bal des horreurs, André dit à Marie qu'il ne faudra pas trop de plaques sur la tombe parce que le jour où la grand-mère va mourir, elle n'aura plus de place sur le caveau ou alors il faudra l'enlever. Oui ! Enlever Vincent du caveau, le déplacer, le changer de cimetière alors que quelques jours avant sa mère imposait le cimetière ! Beurk, mais comment peut-on dire une chose pareille ? Elle se demande bien pourquoi il est venu lui, si c'est pour déblatérer tout un tas de conneries immondes. Marie assise à ce moment-là, tenant à peine debout n'en croit pas ses oreilles ! Elle se tait, se rappelant la devise de sa mamie Martine, « le silence est le plus grand des mépris ». Une devise qui va être à l'honneur pendant de nombreux mois, vous verrez ça. C'est le moment de choisir l'urne et Marie souhaite quelque chose de clair, de doux et de jeune, à l'image de son âme sœur. Elle repère une urne en bois clair avec des galets, il aurait aimé, elle en est certaine et la propose à tout le monde. Malheureusement, elle ne fera pas l'unanimité, Marie-Noëlle disant « ça fait cendrier ! ». En même temps il y aura quoi dedans ?! Elle en propose une autre, carrée, en pierre, froide, noire et grise. Complètement à l'opposé de l'autre et des goûts de son fils. Marie n'aime pas du tout et sait que Vincent aurait choisi l'autre mais sa belle-mère ne compte pas céder, au même titre que le cimetière. Son compagnon ne cesse de lui dire de s'imposer et de donner son avis. Comme s'il avait quelque chose à dire lui. Marie est hors d'elle, face à cet irrespect qui est en train de naître petit à petit et qui ne fait que commencer. N'ayant pas la force de lutter pour une boîte qu'on ne verra plus, une fois enterrée, elle valide son choix doublement plus cher, voulant en finir. La conseillère funéraire leur explique ensuite le déroulé de la cérémonie au funérarium puis du cimetière en précisant les horaires. André lui pose des questions sur les itinéraires à prendre pour aller jusqu'au funérarium de Vichy. Mais qu'est-ce qu'on en a à foutre de la route qu'on va prendre ? Ce sera le chemin de l'enfer, personne n'a envie de le connaître par cœur et personne n'a envie de se poser la question de la circulation à ce moment-là. Eric, Manon et Marie lui lancent des regards noirs, c'en est trop. Ils veulent juste qu'il se taise.

Pour Marie c'est plus supportable, elle sort fumer avec Eric. Elle est chamboulée d'être là à faire des choix qui lui paraissent lunaires, qui de surcroît ne lui plaisent pas et qu'il faille en plus supporter les absurdités du beau-père de Vincent. Une fois rentrée, elle prend une grande inspiration et retourne s'asseoir aux côtés de Manon et Eric, attendant le devis. Elle a fait en sorte de sortir ses économies pour payer l'enterrement. L'amour n'a pas de prix, elle donnera ce qu'il faudra pour que cet adieu se fasse comme ce couple l'aurait souhaité. C'est au moment où le devis s'imprime que sa belle-mère décide de sortir fumer, toujours suivie par son compagnon (petit toutou bien docile). Elle ne versera pas un seul centime pour l'enterrement de son propre fils ! Eric veut payer une partie et sort son chéquier. Elle fera un chèque de la totalité, disant à Eric qu'il s'arrangerait plus tard afin de simplifier les choses. Tellement outrée du comportement de sa belle-mère, la colère prend le dessus sur la tristesse. Arrivée affaiblie, elle repartira pleine d'énergie, tellement choquée, énervée et attristée par le comportement de ces deux personnes. Elle se contiendra par respect pour Vincent mais la haine est présente derrière son sourire de façade. Chacun reprend sa voiture et se donne rendez-vous après le déjeuner chez le fleuriste, là aussi, elle ne sera pas déçue.

Elle profite de sa pause repas pour aller choisir le cadre et faire développer la photo qui sera installée sur son cercueil. L'appétit n'étant toujours pas à l'honneur, elle se posera avec sa maman à la terrasse d'un bar pour boire deux cafés et fumer deux cigarettes en vidant son sac sur la matinée qu'elle venait de vivre. Angélique est aussi outrée que sa fille et est très énervée du mal qu'ils lui font alors qu'elle est déjà à terre.

Il est l'heure d'aller chez le fleuriste. Choisir le dessus de cercueil, nos bouquets respectifs, et des roses. Eric décide de payer le dessus de cercueil entièrement, Marie essaie de négocier mais n'y parvient pas. Alors, elle respecte son choix et quant à sa mère, vous vous doutez bien qu'elle sera loin de la caisse même pour son propre bouquet ! Encore une action qui choque Marie, et pas qu'elle. Je suis sûre que vous aussi derrière ce livre vous êtes choqués par ses agissements. Une fois sortis de chez le fleuriste, ils discutent cinq minutes et voilà le grand retour d'André avec ses propos ignobles. Nous sommes jeudi et l’enterrement a lieu le lundi qui suit. En pleine conversation, il sort « eh bien, vivement lundi que ça soit fait ! ». Beurk, Marie croit vomir à ce moment-là ! Personne n’a envie d’être lundi, on aimerait tous s’endormir dimanche et se réveiller mardi. Vraiment ignoble, cet homme. Il montre ensuite la photo qu’ils ont choisie pour leur plaque. La photo que Marie a choisie pour mettre sur le cercueil et celle qu’elle voulait pour sa plaque, représentant un évènement important pour elle, pour eux deux. Leur première sortie au parc avec leur tout petit marchant à peine. Une photo en pleine nature où ils avaient passé un vrai moment de bonheur en famille. C’est cette photo qu’elle voulait pour sa plaque, pour que quand elle lui rendra visite, elle se souvienne de ce moment et que ça soit peut-être moins dur. Elle est dégoûtée, écœurée et dévastée, elle se retrouve contrainte, une nouvelle fois, à faire un autre choix par dépit. Elle comprend ce jour-là que la relation avec sa belle-mère va être plus que compliquée mais se dit qu’assaillie par la perte de son fils, elle ne se rend peut-être pas compte de ce qu’elle fait ou dit. Idem pour le André. Marie essaie toujours de temporiser, de comprendre, d’être compréhensive avant d’exploser. Elle regrettera amèrement d’avoir cédé à autant de choses pour eux.

Ses préparatifs sont une torture pour elle mais des moments hors du temps parce qu’il est encore là, mort, mais là. Il repose dans son cercueil avec de la musique qui tourne en boucle, une clef USB préparée par son papa pour qu’il ne se sente pas seul. Nous pouvons lui rendre visite et lui parler jour et nuit. Marie redoute tellement ce jour où il sera réduit en cendres et qui mettra un point final au chapitre de leur histoire. Alors elle continue d’organiser pour ne pas penser. Elle culpabilise de ne pas avoir la force d’aller le voir tous les jours mais elle ne peut pas voir, l’homme avec qui elle construisait sa vie, allongé dans ce cercueil. Elle n’ira qu’une seule fois pour glisser les deux Post-its, lui parler un peu, le toucher, l’embrasser et le regarder pour ne pas oublier les traits de son visage, le moindre grain de beauté, ses petites rides sur son front, la forme de ses yeux et sa barbe à trous. Oui, il espérait toujours qu’un jour elle pousse uniformément et sans trou de la taille d'une balle de Ping Pong ! Marie l'aura charriée plus d'une fois à ce sujet.

Elle ne le reverra que le jour de l'enterrement avant la fermeture du cercueil, elle est incapable entre temps d'y retourner, c'est trop dur de lui parler sans avoir de réponse, de réaction et d'être face à un homme endormi qui ne sourira plus. Il faut dire que Vincent avait un sommeil très profond, très agité et se souvenait rarement de ce qui se passait les nuits. Marie pouvait avoir des discussions entières la nuit avec lui sans qu'il ne s'en souvienne le lendemain. Elle en jouait beaucoup et ça déclenchait de beaux éclats de rire aux réveils pour les deux. Même endormi, il lui répondait, alors là c'est de l'ordre de l'impossible de supporter ces monologues dans cette grande pièce rouge et blanc. Pourtant, le parfum des fleurs, le bois clair du cercueil et les mélodies des chansons qu'il appréciait tant rendaient cette pièce presque chaleureuse. Elle avait l'impression qu'il était bien. Elle se disait ça pour essayer de se déculpabiliser de ne pas aller le voir tous les jours, ça ne fonctionnera pas, bien évidemment, on commence à la connaître, notre Marie. Puis comment peut-on être bien quand on est mort ?

En fin de semaine, Quentin et Eric se retrouvent chez Marie pour le choix des musiques de la cérémonie et des photos pour le diaporama. Ils savent pertinemment qu'ils ne pourront plus écouter une seule de ses musiques après ce dernier adieu, ce qui rend le choix difficile. Des larmes couleront mais des rires aussi quand ils se plongeront dans les photos remplies de souvenirs, qui vont leur réchauffer le cœur le temps d'un instant. Ah oui ! Vous n'avez pas remarqué que je n'ai pas annoncé la présence de sa mère pour ce moment important ! Eh bien, elle a refusé de venir, disant à sa belle-fille, ne pas connaître les goûts musicaux de Vincent et leur faisant confiance pour les photos. Donc elle débarquera à l'enterrement de son fils sans même savoir comment la cérémonie se déroulera ! On se passera de commentaire et je vous laisse juger par vous-même de la situation qui est en train au fur et à mesure de tourner au vinaigre. Mais comme dans toutes histoires, il faut bien un méchant ! Eh bien, vous l'avez et vous allez être servis.

Nous sommes le 14 mars 2022, c'est l'anniversaire d'Antoine et en guise de cadeau cette année, il enterrera son meilleur ami d'école. Un geste de sa part ? Un signe d'adieu ? En tous cas Marie ne risque pas d'oublier cette date et un goût amer risque de planer longtemps sur cette date d'anniversaire pour Antoine. Ce jour-là, elle est stressée, elle espère que tout se déroule correctement pour le dernier au revoir à l'amour de sa vie. Elle est toute de noir vêtue. Le chemisier noir préféré de Vincent, jean, bottines et manteau noir. Elle ne se maquillera pas sachant que ses larmes couleront et voulant éviter de ressembler à un panda à la fin de la journée. Elle est tellement blanche, qu'elle se fait quand même le teint ne voulant pas ressembler à un vampire non plus. Gabin est chez nounou, journée banale pour lui. Alex, benoît, angélique, et Marie partent pour se recueillir une dernière fois aux pompes funèbres, dernier baiser, dernier toucher, dernières paroles, entourés de fleurs, de photos, de larmes, de désespoirs et de musique qui tourne toujours. La seule chose qui la réconforte à ce moment-là, merci, Eric, pour cette idée. Le cercueil scellé direction le crématorium de Vichy pour la cérémonie et la crémation. À son arrivée, il y a beaucoup de monde, trop de monde. Elle arrive à peine à marcher et une vague d'angoisse s'empare de tout son corps face à cette foule. Elle est obligée de rentrer s'assurer que tout est prêt et elle s'assoit cinq minutes, ses jambes ne la tenant plus. Elle pense à ce moment-là « si seulement tu pouvais voir tous ceux qui sont là pour toi alors que tu étais toujours persuadé que personne ne t'aimait, tu serais bien surpris et j'aurais pu te dire que je te l'avais bien dit. ». Elle ressort dehors, le regard dans le vide et attend le maître de cérémonie pour rentrer. Elle a écrit un discours mais ne pense pas trouver la force de le lire. Le maître de cérémonie commence, Marie est assise à côté d'Éric, il tremble de tout son corps, arrive à peine à respirer, elle pose sa main sur son genou et se dit à ce moment-là que la priorité c'est lui. Il doit tenir, elle doit être là pour lui mais pas qu'aujourd'hui, pour toujours. Elle ne remplacera jamais Vincent mais elle sera là. Alors quand le maître de cérémonie l'appelle pour son discours, elle se lève et elle fonce telle une témoin appelée à la barre dans un tribunal. Elle a fait du théâtre étant plus petite, pas longtemps mais suffisamment pour trouver la force de lire devant cette foule impressionnante et elle y arriva. Il lui fallut faire des pauses pour retenir ses larmes. Ses larmes qui inondaient son cœur et qui en voulant atteindre ses yeux lui serraient la gorge. Elle retournera s'asseoir auprès d'Éric attendant que les autres discours passent ainsi que les centaines de gens pour se recueillir une dernière fois avec des accolades, des baisers et des signes de tête en guise de soutien, pendant que ses musiques préférées résonnent et que le diaporama défile. Il ne reste plus que le cimetière l'après-midi, le moment tant redouté par Marie, elle sait que c'est le point final de leur histoire et de leur amour fusionnel. Elle l'aimera toujours bien sûr mais sans aucun retour possible. La cérémonie se fait rapidement, elle est de nouveau à côté d'Éric qui la tient, car elle tremble et a du mal à rester debout. Les rôles s'inversent par rapport au matin, il devient son pilier, sa canne et sa force pour affronter ce dernier moment. Le maître de cérémonie dit quelques mots et invite les gens à venir se recueillir devant l'urne, une dernière fois. C'est à ce moment-là que Marie-Noëlle décide de faire lire son discours. Elle m'avait pourtant dit qu'elle n'en ferait pas et n'avait pas prévenu le maître de cérémonie. Un peu surpris, il lit son bout de papier. Un discours dans lequel elle lui souhaite une belle vie ! Mais quelle vie ? Il est mort ! Comment peut-il être heureux maintenant ? Elle n'aura pas un mot pour sa fille, son petit-fils et vous vous doutez bien que pour sa belle-fille non plus. Marie n'en revient pas, elle regarde le maître de cérémonie et leur échange de regards en dit long. Lui aussi est choqué par ses mots. Il lui souhaitera bon courage lorsque tout sera terminé. Lui disant qu'elle ne l'aiderait pas, que ça risque d'être dur et qu'il faudra qu'elle soit forte pour son fils. Si lui dit ça alors que c'est une inconnue pour elle ! Elle doit se préparer au pire. Les centaines de gens passent devant son urne cette fois-ci et câlin, embrassades et signes de tête recommencent, quel enfer pour elle qui déteste le contact physique mais les gens en ont besoin et peut-être qu'au fond elle aussi. Tout le monde est passé, il ne reste plus qu'elle, elle embrasse sa photo et touche son urne encore chaude, cette sensation lui rappelle leurs soirées d'hiver quand elle était blottie contre lui, ressentant sa chaleur corporelle naturelle si rassurante. Elle a les jambes qui tremblent et elle a envie de hurler, de s'effondrer devant sa tombe mais elle ne pouvait pas, elle devait rester debout ! Les larmes coulent, elle crie au fond d'elle et ne sait pas comment elle tient encore debout. La cérémonie est terminée et tout le monde sort du cimetière. Et voilà ! On y est, c'est fini, le vide, l'absence, le manque et le désespoir vont maintenant prendre toute la place.

Après le cimetière, elle souhaitait faire un apéritif, un moment où tout le monde pourrait souffler après avoir gravi cette montagne de chagrin. Elle sait que Vincent aurait voulu cela, que tous les siens se réunissent autour de gâteaux, petits-fours, bière ou autre boisson. Terminer cette journée sur une note moins glaciale et retrouver un peu de chaleur. Se détendre et parler de lui, de ce qu'il était en souriant. Parler aussi d'autres sujets et que chacun puisse rentrer chez lui, peut-être un peu apaisé. L'idée n'était pas partagée aux yeux de tous, mais qu'importe Marie le voulait et elle l'organisa, pour la première fois, elle s'écoute et se fout du quand dira-t-on. Après tout, une bière ne fera de pas mal ! C'est André et Annie, les parents de Quentin, qui organiseront un buffet dînatoire, une façon pour cet oncle de rendre hommage à son neveu avec qui ils faisaient des services ensemble sur des mariages l'été pour se faire un peu d'argent. Marie restera principalement avec ses amis, il n'y avait qu'eux qui arriveraient à lui donner le sourire, respirer et peut-être oublier le temps d'un instant que son doudoune n'était plus que cendres, enfermé dans une urne encore chaude. Elle boira plusieurs bières, fumera plusieurs cigarettes et finira par avaler des petits-fours, premier vrai repas depuis qu'il n'est plus là. Elle restera jusqu'à la fin à côté de Gaëlle, racontant à tout le monde leurs péripéties d'étudiantes et elle rira, l'alcool faisant l'effet escompté.

Puis retour à la maison, avec les tonnes de cartes de condoléances, qu'elle lira le soir même. Alex et Benoît se sont occupés de Gabin et il ne reste plus qu'à aller se coucher pour affronter les jours à venir qui vont avoir un goût fade et amer maintenant qu'il n'y a plus rien à organiser, que tout est fini. En se couchant, elle sait que les prochains jours vont être les pires et se demande ce qu'elle va bien pouvoir faire pour y survivre. Elle serra fort le fameux pyjama et s'endormit d'épuisement une nouvelle fois.

Elle est arrêtée jusqu'au 18 avril et nous sommes le 15 mars, il faut donc qu'elle s'occupe pendant un mois, c'est plutôt colossal pour cette acharnée du boulot. Elle a laissé son bébé chez la nounou, seul lieu où l'atmosphère est normale. Marie n'aime pas ce mot « normal », elle se demande toujours ce que cela signifie. Alors, disons plutôt que cette nounou va apporter stabilité et équilibre à son enfant. Dix heures de ses journées où son Gabinou ne se demandera pas où est passé son papa, sa maman étant toujours incapable de lui dire la vérité. Elle passera ses semaines d'avant reprise à gérer avec sa maman l'administratif. Elle déteste ça. Autant le côté administratif de son travail l'anime, elle aime ça, organiser, penser, ranger, trier, planifier, commander, etc., autant à la maison c'est un véritable calvaire et pendant deux mois, elle recevra des lettres de différents organismes et écrira presque tous les jours que Vincent est mort le cinq mars 2022 et que son héritier c'est Gabin. Parce que oui, en France, le pacs n'est reconnu qu'aux yeux des impôts et de certaines entreprises privées. Elle lira un bon nombre de fois qu'elle n'est pas héritière et qu'elle est maintenant considérée comme célibataire. Coup de massue pour Marie, elle s'en fiche de ne pas hériter, elle ne veut pas d'argent, elle veut être reconnue comme veuve parce que c'est ce qu'elle est, veuve ! Célibataire veut dire quoi ? Qu'elle puisse s'inscrire sur un site de rencontre, doit-elle changer le profil de ses réseaux sociaux ? Elle est anéantie par cet abandon de l'état, ils n'étaient pas mariés mais elle était sa femme alors elle se considèrera comme veuve et les organismes elles les emmerdent.

Les jours passent, elle rend visite à plein de monde, ne supportant pas sa maison devenue grande et vide. Elle se surprend plusieurs fois à l'appeler à haute voix pour lui demander de l'aide… oubliant son absence et se terminant en un torrent de larmes et de colère. La vie est injuste, pourquoi lui infliger cette épreuve ? À chaque fois, elle a l'impression de ne pas y arriver et de ne pas survivre mais elle « reste debout ! ». Pas un jour sans qu'elle ne s'habille et petit à petit, elle recommence à se maquiller quand elle doit sortir, même pour faire des courses. Elle adore se maquiller et s'apprêter même avec tous ses kilos en trop et même en n'aimant pas son corps. Vincent l'aimait comme ça alors si elle veut survivre, elle ne doit pas se laisser aller et rester elle-même le plus possible aussi difficile que cela puisse être. Les gens ne la regardent pas, ils s'en foutent de ses vêtements, de ses paupières colorées, de ses joues poudrées et de ses oreilles perlées. Elle n'a plus personne à qui plaire mais elle continue quand même, l'aidant à sourire en donnant l'impression d'être une femme pour qui tout va bien. De toute façon, elle déteste les joggings et encore de plus rester en pyjama toute la journée. En s'apprêtant et se regardant dans le miroir, elle se dit « ça va aller ! Peut-être pas aujourd'hui, peut-être pas ce mois-ci mais ça va aller ! Tiens bon ! Reste debout ! ». Le temps passe et, sans vraiment s'en rendre compte, cela va faire un mois qu'il est parti, où ça ? Marie se le demande, qu'est-ce qu'il y a après la mort ? Très cartésienne, elle pense qu'il n'est juste plus là et préfère cette idée plutôt que de le savoir dans un monde dans lequel il peut nous voir. Il doit s'y sentir seul, sans pouvoir toucher ou parler à ses proches, sans prendre son fils dans ses bras et regardant le chagrin inconsolable de tout le monde en étant impuissant. Cette idée lui est impensable pour elle mais elle se dit que si jamais c'est le cas alors faut qu'elle fasse tout pour le rendre fier et qu'il puisse faire le deuil de sa propre mort.

Son anniversaire arrive, alors hors de question pour Marie de rester chez elle. Elle qui a tout le temps mille idées à l'heure, parfois un peu folles d'ailleurs, là, rien ne vient. Elle s'imagine une journée en pyjama à pleurer. Après tout vingt-quatre heures, ce n'est pas si long. Elle redoutait ce 3 avril, elle n'arriverait pas à ne rien faire ; impossible… alors elle pensa aux autres un peu, Manon et Eric seraient peut-être d'accord et auraient peut-être besoin qu'on se réunisse tous. Elle songe à ça lors d'un trajet de voiture sans dire un mot jusqu'à ce que sa maman propose l'idée qui va la rassurer. Elle est vraiment parfaite cette maman. Ils se réuniront donc dans un restaurant, eric, Manon Anthony, le beau-frère, Quentin, Annie, André, mamie Martine, sa maman, son fils et elle. Puis ils termineront la journée chez Eric. Une maison devenue un deuxième foyer pour la jeune maman, elle s'y sent apaisée et toujours bien accueillie et ça ne fait que commencer. La journée se termine, il faut rentrer et là le sentiment de culpabilité monte en elle. Comment a-t-elle osé rire, boire et manger au restaurant sans lui ? Comment a-t-elle pu réussir à être, elle, l'espace d'une journée ? Avait-elle seulement le droit ? Elle fondra en larme dès le passage de la porte de son foyer et sera inconsolable jusqu'au lendemain. Pourtant il serait content de là-haut que tout le monde se soit réuni. Vous avez dû remarquer que sa mère était absente à ce repas, Marie ne l'a pas invité, toujours écœurée des évènements passés. La journée était déjà une sacrée épreuve, les fameuses dates de ce putain de calendrier, les fameuses premières fois sans lui, alors autant ne pas s'infliger la présence de personnes toxiques. Vincent serait d'accord avec elle et c'est dans ce sens qu'elle va avancer jour après jour les yeux bandés, plongés dans le noir absolu, cherchant juste la lueur d'une lumière.

Chapitre 4

Les jours passent et se ressemblent pour Marie. Des journées rythmées par les papiers administratifs, les larmes, les souvenirs qui remontent, les angoisses d'être seule pour élever ce petit bonhomme, gérer la fatigue qui s'intensifie de jour en jour. Les insomnies sont présentes au quotidien, elle n'arrive pas à dormir la journée non plus. Leur lit est tellement immense, vide, froid et les images de cette dernière nuit la hantent à chaque fois qu'elle s'allonge le soir. Elle se couche toujours en chien de fusil sur le côté droit du lit et sait qu'il ne se blottira plus contre elle, qu'elle ne ressentira plus sa chaleur corporelle, qu'elle n'entendra plus ses « je t'aime, ma chouchoune », qu'elle n'entendra plus son réveil sonner non plus, qu'ils ne se feront plus l'amour et qu'ils n'auront plus de fous rires en se couchant. Alors le sommeil ne vient plus et il ne se passe pas un seul soir sans qu'elle pleure, enlaçant son pyjama, imbibé de son parfum offert à Noël. Elle refusait les somnifères et tous les autres traitements de type anxiolytiques ou antidépresseurs et Delphine, la psychologue, continuait de l'appeler pour prendre des nouvelles et proposer des rendez-vous. Elle ne répondra pas toujours, volontairement, elle pense avoir assez vécu de chose pour s'en sortir seule. Alors elle cogite à son futur parce que, qu'elle le veuille ou non, elle est vivante et des lendemains, il y en aura pleins sans lui, alors oui elle a un futur même si elle le refuse, elle doit se résigner et essaie de vivre au jour le jour pour le moment.

Elle se lève tous les matins pour son fils et trouve déjà que c'est une sacrée épreuve, ouvrir ce dressing, aller dans la salle de bain, encore remplie de toutes ses affaires qui n'ont pas bougé depuis l'accident. Puis arriver dans la cuisine avec cette cafetière, qui ne lui rappelle que Vincent. S'asseoir dans le canapé, où elle ne peut plus regarder la télé allongée, sa tête posée sur ses genoux. Elle voit tout son matériel de musique, qui lui rappelle tant de choses. Les dimanches matin traînant en pyjama avec Gabin dans leur lit avant de boire un café et un biberon en écoutant un vinyle de Queen ou d'Orelsan, les soirées avec les copains, les films du dimanche soir avec du pop-corn fait maison, que Marie lui préparait alors qu'elle déteste ça et les parties de jeu vidéo endiablées. Toutes ses matinées et ses nuits sont les mêmes… envahies par les souvenirs et son absence. Parfois en se couchant, elle s'invente une histoire. Qu'un jour, des policiers viendront frapper à la porte, accompagnés de Vincent, que c'était juste une mise en scène pour le mettre sous protection ayant été témoin d'un meurtre ou quelque chose du genre. Oui elle part loin, notre Marie, parfois mais cette histoire impossible lui permet de s'imaginer leurs retrouvailles, retrouver leur vie, leur quotidien, leur amour et ça la réconforte tellement que parfois elle s'endort, mais le plus souvent elle pleure sachant très bien que ça n'arrivera jamais. Elle s'imagine cette histoire pour moins souffrir, mais c'est complètement le contraire qui se produit la plupart du temps. En même temps, qui ne se crée pas d'histoire en se couchant parfois ? Non ? Vous ne vous imaginez jamais dans une autre vie ? Réussir vos projets les plus chers, rencontrer quelqu'un quand vous êtes seule ? Ou même vous autoriser à voir souffrir quelqu'un qui vous fait du mal ? Parce que Marie, si ! Elle passe tous ses endormissements à réinventer sa vie, et ce depuis toujours. Malheureusement là, son histoire est irréalisable et surtout elle n'arrive pas à en construire d'autres, une vie de bonheur sans lui ? Impossible à imaginer même à son âge. Le grand amour, on ne le rencontre qu'une seule fois et cette chance est passée pour elle. Elle le sait, en a conscience et encore une fois, des torrents de larmes coulent quand elle y pense. Veuve à 26 ans… mort à 28 ans… Comment la vie peut-elle infliger cela… et ses larmes qui ne cessent de ruisseler, à quel moment le réservoir s'épuisera ? Elle en a marre de passer son temps à pleurer mais elle a tellement mal, elle aimerait casser des trucs tellement elle à la haine de vivre, tellement elle trouve à injuste. Elle qui aimait tant la vie, aussi dure soit-elle.

Cette rage n'est pas près de s'estomper, la tête dans les papiers, elle doit prouver à tous les organismes que c'est un accident et non un suicide. Une horreur pour elle, il n'aurait jamais fait ça ! Mettre fin à ses jours, en laissant son Gabin, sa femme, sa famille et ses amis et qui plus est encore moins à moto, entouré de 15 personnes. Marie doit tout justifier de leur vie et elle trouve ça affreux, désolant, dégueulasse, infâme et injuste. De nombreuses enveloppes partiront remplies de son acte de décès, de leur justificatif de pacs, du rapport de son autopsie, dont elle se serait bien passé de demander et de lire, le numéro du procès-verbal de la gendarmerie et on ne cite pas tout tellement il y en a… Vous comprenez, il y a de l'argent en jeu, alors les organismes épluchent les moindres détails, au cas où ils pourraient ne pas avoir à verser d'argent, on ne sait jamais ! Est-ce qu'ils se mettent à la place des gens en deuil ? Non ! Absolument pas ! Elle entendra souvent : « désolé, madame, mais c'est la procédure chez nous ». Eh ben pas que chez eux ! C'est partout pareil. Les démarches durent des mois, il faut les relancer en permanence, presque les harceler, pour que les dossiers avancent. Elle recevra de nombreux courriers stipulant qu'il manque des pièces aux dossiers. Comme s'ils ne pouvaient pas demander l'intégralité des papiers dès le début ! Non ! Il faut bien en rajouter une couche, elle n'a que ça à faire après tout, remettre le nez dans les papiers, pour lui rappeler que son conjoint est mort, au cas où elle aurait zappé l'info ! Des organismes lui demanderont même les articles de journaux. Tellement immonde, elle n'en peut plus de l'administration française, sans aucun tact, sans aucune humanité et surtout sans aide. Marie voulait arrêter plus d'une fois ; tellement c'était invivable pour elle, mais l'argent est majoritairement pour son fils, leur fils et elle se doit de continuer pour qu'il soit de quoi être à l'abri quand il sera grand ou s'il devait arriver quelque chose à sa maman aussi, maintenant seul parent référent. C'est presque tout ce qui lui restera de son papa. Puis Vincent n'aurait pas voulu qu'elle abandonne et sa maman l'aidera beaucoup dans les démarches et la soutiendra quand parfois les gouttes d'eau auront fait déborder les vases.

Une fois cette effervescence administrative plus ou moins redescendue, sa maman lui fait comprendre avec beaucoup d'amour et de nombreuses pincettes qu'elle devrait songer à commencer de vider ses affaires, au moins celles qu'elle voit tous les jours et qui la détruisent dès qu'elle se lève. Parce que plus le temps va passer, moins elle y arrivera et plus ça sera dur. Marie décide d'écouter sa maman, ne sachant pas si elle avait raison mais peut-être qu'elle souffrirait moins alors elles décident d'une journée et Mamie Martine viendra, pour aider et soutenir dans cette épreuve terrible.

Ce jour-là, elles commencent par trier les papiers, le plus simple et surtout la mère et la grand-mère sont des pros pour ça. Ça arrange bien Marie comme elle déteste ça. Donc pour le moment on garde le plus récent, on jette l'inutile, on classe et on réorganise. Elles en profiteront pour faire de même avec les papiers de Marie, on peut dire que c'est un vrai bordel mais ça n'étonne personne. Pour le moment, Marie le vit bien et c'était une bonne chose de commencer par cela, il n'y a pas vraiment d'attache aux papiers de la sécu ou des impôts donc au moins c'est fait. Malheureusement, une fois terminé, elle sait ce qui l'attend et n'a vraiment pas envie de vivre ça. En fait, elle ne savait pas du tout ce qu'elle allait ressentir et était très loin de s'imaginer que ce qu'elle allait vivre cette après-midi-là était synonyme d'enfer. Elles commencent par la salle de bain, ça ne doit pas être bien compliqué d'enlever une brosse à dents. Non, ça ne l'est pas, en effet, la retirer ne l'est pas mais la mettre à la poubelle, si ! Un torrent de larmes commence, c'est horrible ! Elle a l'impression de le mettre dehors, qu'une partie d'elle s'en va dans ce sac poubelle. Elle ne gardera que son parfum pour qu'elle puisse embaumer son pyjama et ressentir sa présence auprès d'elle lorsqu'elle cherchera le sommeil. Puis elles s'attaqueront au dressing. Mon Dieu, que c'est dur ! Vider tous les tiroirs remplis de ses vêtements, les souvenirs remontent et les larmes continuent (où est le robinet ?). C'est impossible qu'elle soit en train de faire ça, c'est incroyable, il n'est plus là… c'est en mettant dans ses sacs ses affaires du quotidien, en voyant les tiroirs se vider petit à petit, qu'elle comprend… elle comprend qu'elle ne le reverra plus jamais. L'amour de sa vie s'en est allé et elle sort du déni et elle aurait préféré rester dedans. La douleur est insupportable, un couteau en plein cœur et ça saigne tellement qu'elle a l'impression de mourir. Elle gardera ses bijoux et ses cravates pour laisser des souvenirs à son fils. Le reste de ses vêtements seront donnés pour les personnes dans le besoin. Oui, elle fait une bonne action, la vie lui rend tellement bien ! Elle vide tous les tiroirs, cintres, étagères et posent tout sur le lit. Elle réorganise leur dressing pour combler les trous et se dit à ce moment-là que ça sera plus simple que de voir les tiroirs vides tous les jours. Ses affaires sont toutes posées sur le lit du couple et c'est le moment de tout mettre en sac. Entourée par sa maman et sa mamie, elle y arrivera mais sera replongée dans les souvenirs aux moindres vêtements. Comme ce maillot de bain, qu'ils avaient dû acheter au dernier moment lors d'une sortie dans un centre d'eau thermale parce qu'il ne prenait pas les shorts de bain. Il avait bien râlé ce jour-là, hyper en colère alors que c'était censé être un moment de détente pour le couple. Il avait bien évidemment réussi à se calmer dans les bras de sa Chouchoune et ils avaient finalement passé un bon moment que tous les deux. Un beau souvenir qu'elle n'oubliera pas mais elle sera la seule à pouvoir le partager. Il y avait aussi ce tee-shirt coloré qui lui rappelait leurs premières vacances à tous les trois au lac d'Annecy. Ce jean trop grand, qu'il avait acheté vite fait entre midi et deux, un jour où il a su au dernier moment que son service recevait la visite du directeur et il trouvait que son bermuda chino ne faisait pas assez professionnel. Un bon fou rire pour Marie ce soir-là quand il rentra, elle le charriait à chaque fois qu'il le mettait. Parce que de un, il était moche, de deux trop grand et de trois, qu'est-ce que le PDG du site en avait à faire des goûts vestimentaires du service informatique du site ! Mais bon, son côté perfectionniste était toujours omniprésent. Une qualité ? Un défaut ? En fait, c'était les deux mais ça plaisait à Marie et elle ne voulait pas qu'il change. Elle repensait aussi aux services qu'ils faisaient avec son oncle, sur les mariages et autres évènements, les étés lorsqu'il était encore étudiant, en voyant ses vestes de costume.

Elle donnerait tellement cher pour que tout soit comme avant, elle ne veut même pas prendre sa place parce qu'il souffrirait tellement si c'était elle qui était décédée et elle ne voudrait pas qu'il vive cela. Elle voudrait juste qu'il soit là, avec elle et que ce poteau dans lequel sa nuque a tapé, n'est jamais existé. C'est beaucoup trop de vivre ça, elle est prostrée dans son canapé et le chagrin l'emporte sans aucun réconfort possible. Elle regarde sa mère et sa grand-mère emporter les sacs et elle a l'impression de le voir partir une nouvelle fois. Elle ne veut pas y croire et pourtant c'est la vérité, elle est veuve ! Ses intestins se nouent, lui donnant la nausée, sa gorge se serre, ses glandes lacrymales continuent de se vider et elle culpabilise de se séparer de ses affaires aussi tôt, aussi vite. C'est brutal, c'est violent et presque inhumain tellement c'est invivable. Une séparation pour laquelle elle n'était absolument pas prête mais elle a suivi les conseils de sa mère, qui ont été soutenus par sa grand-mère. « Plus tôt tu le feras, moins ça sera dur » ou « plus tu vas attendre, moins tu y arriveras ». Mais qu'aurait-elle ressenti alors si elle l'avait fait quelques mois plus tard ? Elle n'ose même pas l'imaginer. Elle verra son absence dans chaque pièce vidée malgré leur réagencement. Elle ouvre les portes de son dressing jour après jour et ne voit plus que sa disparition, son inexistence, le manque qu'elle a de lui qui ne fait qu'accroître de façon exponentielle au fil du temps. Elle culpabilise même d'avoir remplacé les pantalons de Vincent par ses pulls à elle. En plus de s'être séparée de ses affaires, elle lui a pris sa place et elle trouve ça immonde. Elle s'en excusera auprès de lui, en chuchotant tous les jours pendant des semaines. Ayant l'impression de survivre tout en mourant à la fois. Elle ne se reconnaît plus, elle ne veut plus être celle qu'elle était avant parce que cela signifierait accepter sa mort et reprendre une vie, sans lui. Elle ne peut pas accepter cela, c'est plus fort qu'elle, c'est impossible. Eux deux c'étaient pour la vie, sans lui, elle est quoi ? Que va-t-elle devenir ?

Le chagrin, le vide, le désespoir et les questions l'habitent depuis que sa maman a repris le boulot et la solitude commence à faire son apparition. Elle verra beaucoup Eric, lui aussi arrêté. C'est à ce moment-là qu'une complicité naîtra petit à petit entre le beau-père et la belle-fille. Ils s'écriront tous les jours et se verront dès qu'ils le pourront ayant l'impression que seulement l'autre pouvait entendre et comprendre le ressenti qu'ils avaient. Ce n'était pas qu'une impression, ils vivaient un réel cauchemar et ensemble ils pouvaient que se faire du bien. Savoir qu'ils pouvaient être compris et écoutés si besoin, des moments précieux pour Marie qui trouvera de la ressource auprès de ce papa. Un papa qui l'a pris sous son aile et qui est présent pour elle comme si c'était sa propre fille. Elle culpabilise parfois ayant l'impression de prendre la place de Vincent mais elle doit se raccrocher à tout ce qu'elle peut pour ne pas s'effondrer et « rester debout ! ».

Elle est épuisée, mange très peu et commence de perdre du poids. Marie ne peut plus rester à tourner en rond dans sa maison remplie de souvenirs insupportables, photos, odeurs, sensation, même parfois une expression peut la faire chavirer et la replonger dans un torrent de larmes. Elle aura eu un bon nombre de fois envie d'appeler Eric pour lui parler et entendre sa voix si apaisante dans le seul but qu'il la réconforte mais il souffrait tellement qu'elle ne pouvait pas lui demander de l'aide, impensable pour elle alors elle se contentera d'échanges de SMS, bien insuffisant dans ces moments-là. Elle aurait pu appeler sa maman évidemment, mais elle n'allait pas envahir ses journées de travail, accaparant déjà toute sa vie personnelle au quotidien, essuyant ses larmes après ses journées de boulot, gérant le quotidien de Gabin, dormant chez sa fille et mettant une pause dans ses activités personnelles pour se consacrer uniquement à son aînée et son petit moussaillon. Marie culpabilise énormément d'avoir besoin d'autant d'aide, si indépendante il y a encore quelques jours. Elle doit trouver une solution, une force, une énergie pour tenir sans les autres et avancer ne serait-ce que d'un pas. Vincent doit être fière d'elle est surtout, Gabin a besoin d'une vraie maman. Elle doit se transformer pour cela et elle sait qu'elle peut le faire, ayant la meilleure raison du monde pour y parvenir, Gabin.

Alors elle se concentra sur une seule chose : reprendre le travail. Ce qui d'un point de vue médical et psychologique paraît bien précoce aux yeux de tous. Mais cette infirmière de vocation veut recommencer de s'occuper des autres, revoir ses collègues et surtout se sentir utile et se dire que pendant huit heures, chaque jour tout sera comme avant ou presque. Elle veut retrouver son quotidien de travail intense dans l'espoir de se sortir de ce tourbillon de douleur et d'injustice qui ne cesse de la tourmenter, elle ne se doute pas à quel point la tâche sera difficile, persuadée que le travail sera un pansement à sa plaie même pas recousue et qui saigne encore. Mais elle veut à tout prix panser pour ne plus penser. Elle se dit que c'est peut-être la bouée qui va lui permettre de sortir la tête de l'eau et pouvoir reprendre une inspiration.

Elle est dure de caractère, la perte de son papa, de son papy et la rupture de contact avec sa mère et sa sœur y sont forcément pour quelque chose. Elle s'est construit une carapace telle une tortue vieille de cinquante ans, que seul Vincent arrivait à briser. Pendant trois ans cette infirmière avait travaillé en psychiatrie, elle en avait vu des entretiens, des histoires difficiles et avait souvent recommandé aux familles des psychothérapies. Dans le but de les aider eux aussi face à la maladie de leur proche malade. Quand elle y repense, elle décide de baisser les armes, de mettre son caractère dans sa poche et appelle pour prendre un rendez-vous avec Delphine. C'est bien de vouloir y arriver seule mais elle voit bien qu'elle n'y parvient pas et après tout elle ne risquait rien. Elle était intimement convaincue qu'elle n'y retournerait pas, qu'elle irait à son premier rendez-vous le 14 avril et puis c'est tout. Finalement s'en suivront de nombreux autres, se laissant emporter par le professionnalisme et l'humanité de Delphine. Des séances éprouvantes, qu'elle attendra avec impatience pourtant si réticente au début. Elle aura des rendez-vous toutes les trois semaines au début puis toutes les deux semaines, voire toutes les semaines. Des entrevues qui lui permettent de mettre des mots sur ses maux, de se libérer et surtout de comprendre où elle en est dans le processus de deuil. Des moments où Delphine lui fera remarquer que Marie avance alors même qu'elle ne s'en rend pas compte. Delphine deviendra un repère, une heure de temps en temps où tout est centré sur elle et où elle peut pleurer, se plaindre, être en colère et surtout dire ce qu'elle veut sans culpabiliser, sans avoir peur de blesser quiconque, sans honte et surtout sans jugement. En dehors de ses séances, elle parle peu. La personne à qui elle parle le plus c'est Gaëlle, balançant parfois tout son désarroi en omettant qu'elle aussi était en plein deuil de son ami d'enfance. Il est difficile pour elle de parler à ses proches parce que ce décès touche tout le monde autour d'elle. Elle se sent extrêmement seule parce qu'elle ne se sent pas légitime d'aller se plaindre à des personnes qui pleurent aussi Vincent. Elle a donc bien fait de baisser les armes et peut remercier Delphine d'avoir insisté à ce point. Parce que sans elle, elle n'aurait pas fait tout ce chemin et elle n'aurait pas survécu de cette façon. Elle n'est pas vraiment favorable à une reprise du travail mais lui propose de tenter quand même et que si ça ne le fait pas, elle s'arrêterait de nouveau. Malheureusement pour Delphine, elle ne connaissait pas encore assez bien le caractère de cette infirmière et il était hors de question de s'arrêter de nouveau si elle reprenait, mais ça, elle s'est bien gardée de lui dire. Elle acquiesce, contente d'avoir un feu vert pour reprendre. Elle a entendu ce qu'elle voulait entendre. Sa reprise est prévue pour dans quelques jours et l'impatience se fait ressentir. Comme si, reprendre le travail aller pouvoir tout guérir. Mais c'est comme ça qu'elle le perçoit, qu'elle le ressent et c'est en ça qu'elle trouve de l'énergie. Cuisiner pour faire les gamelles du midi, avoir une bonne raison de se maquiller et de s'habiller. Elle voit aussi des nuits plus apaisées avec la fatigue du travail, le réveil qui va pouvoir de nouveau sonner très tôt et le soir, elle aura des choses à raconter à sa maman. Elle n'a tellement plus rien à dire depuis presque deux mois…

On est le 19 avril, il est 6 h 30 et Marie se prépare pour sa première journée de boulot, elle se maquille, va acheter des brioches pour ses collègues et sourit à l'idée de retrouver sa vie professionnelle, ses collègues et ses résidents qu'elles apprécient tellement. À ce moment-là, pensant qu'elle entrevoyait la lumière au bout de ce long tunnel, elle fonce, persuadée que c'est ce qu'il faut faire. Malheureusement, ce n'était pas la solution et ils avaient tous raison à être réticents. Elle commettait une erreur et ne le savait pas encore.

Chapitre 5

On y est dans la connerie !

Marie reprend le boulot à temps plein, la médecine du travail lui a proposé un mi-temps thérapeutique, vous vous doutez bien qu'elle a refusé. Elle se jette à corps perdu dans cette reprise, se persuadant que c'est une des meilleures solutions pour retrouver de l'énergie, un quotidien un peu plus vivable et tenter de vivre et non plus survivre. Huit heures pendant lesquelles elle ne sera pas dans leur maison remplie de souvenir et où elle pourra sûrement respirer de nouveau.

Elle est contente de pouvoir reprendre, de revoir ses résidents qu'elle apprécie tant et de retrouver ses collègues qui sont un réel soutien pour elle. Mais comme à son habitude, elle angoisse, un mois et demi qu'elle n'a pas exercé alors les doutes sont quand même là. Va-t-elle réussir à être performante ? À être l'infirmière d'avant le drame ? Prendre soin de ses résidents, les écouter, les soigner et réussir à gérer la pression des postes ? Réussira-t-elle à laisser ses soucis aux vestiaires comme elle le faisait avant, sans craquer ? Oui ça fait beaucoup de questions, mais vous savez comment elle est maintenant et encore je ne vous les cite pas toutes tellement il y en a ! Mais bon douter d'elle, manquer cruellement de confiance et surtout avoir la peur perpétuelle de ne pas être à la hauteur fait partie d'elle depuis toujours et on ne se refait pas ! Encore moins quand notre vie est devenue un véritable chaos ! On peut juste remarquer que malgré toutes ses questions, elle fonce quand même, elle ne se résigne pas et elle combat ses peurs. Elle enlève les petites roues du vélo et se lance sans s'arrêter ni regarder en arrière. Elle « reste debout ! ».

Elle reprend sur un poste de journée, un horaire plus en douceur, qui va lui permettre de remettre le nez dans les dossiers et se remettre en selle un peu à l'écart de l'effervescence des postes matin/soir et des questions que vont certainement lui poser les résidents.

Pour ce premier jour, elle part un peu plus tôt, pour aller acheter des brioches pour ses collègues. Ils adorent celles de cette petite boulangerie près de chez elle. C'est bien la seule raison sur laquelle personne ne la charrie de vivre à la campagne. Parce qu'elle en entend là-dessus. Ils vivent tous principalement à Clermont-Ferrand ou des villes proches et elle, elle fait quatre-vingts kilomètres par jour pour aller travailler. Ils ont tous l'impression qu'elle est paumée dans la pampa ! Bon, ils n'ont pas tout à fait tort non plus, il n'y a pas beaucoup de Pélo dans le coin mais il est hors de question qu'elle quitte sa maison et elle aime énormément travailler dans cet établissement, elle s'épanouit donc on reste comme ça.

Une fois garée sur le parking, elle vérifie que son maquillage est toujours en place et elle débarque à l'heure de la pause-café entre les infirmiers et la chef de l'établissement. On l'accueille comme si de rien n'était, comme si, elle était là, la veille. Quel soulagement pour elle ! c'est tout ce qu'elle espérait. Être Marie l'infirmière et non la veuve éplorée. Après un bout de brioche et un café, elle démarre sa journée. Un sentiment de sérénité est présent, Gabin est chez la nounou et elle au travail. Une première journée banale mais qui ressemble tellement à celles d'avant que ça lui fait du bien. Un bien fou et elle se dit intérieurement qu'elle avait raison de reprendre et ne comprend pas pourquoi tout le monde était si réticent. Mais bon, peu importe, elle passe une bonne journée, ce qui se fait bien rare en ce moment.

Ses collègues aides-soignantes et agents sociaux viendront lui dire bonjour au moment de leur pause. Ce qui devait arriver, arriva, de multiples questions lui sont posées mais elle s'était préparée et fera tout pour y répondre, la boule au ventre par peur de craquer. Elle ne lâche pas une seule larme mais elle a mal au ventre, elles sont sûrement descendues pour ne pas mouiller ses yeux, faire couler son mascara et se transformeront en pierres qui lui pèsent sur l'estomac, lui donnant la nausée. Elle préfère ça plutôt que de rouvrir les robinets et repartir dans les chutes du Niagara, hors de question, elle doit rester digne, forte et être telle qui la connaisse tous, sinon à quoi ça sert de reprendre. Elle assume sa décision, elle doit-être professionnelle et « rester debout ! » quoi qu'il arrive, c'est son maître mot maintenant, mais ça vous l'avez compris. Elle a le sourire, fait de l'humour et la journée est passée à une vitesse folle, il est déjà l'heure de partir et elle a hâte de revenir demain. On ne va pas se mentir, en remontant dans sa voiture, elle se trouve bien fatiguée. En même temps jouer son propre rôle ça demande plus d'énergie qu'elle ne le pensait. Elle se doit de jouer son rôle de la Marie qui était épanouie pour ne pas sombrer et y arriver. Conclusion pour elle, c'est dur mais ça fonctionne. Elle est un tantinet têtue, non ? Vous ne trouvez pas ? C'est en démarrant, au bout de cinq minutes, le masque tombe, enfin ! Elle lâche prise ! Toute une journée à se persuader que tout va bien, il fallait bien que ça lâche un moment ou à un autre. Son ennemie, la mémoire, fait son apparition et elle prend conscience que son Vincent ne sera pas là quand elle rentrera, qu'elle n'entendra pas père et fils faire les fous dans le bain pendant qu'elle prépare le repas. Qu'elle couchera son fils seule encore une fois, le faisant tout le temps tous les deux depuis la naissance. Elle regardera la télé avec sa mère, les yeux remplis de larmes et ira se coucher seule toujours dans ce lit, qu'on ne décrit plus. Alors elle se raccroche au fait que demain elle travaille et s'endort. Oui elle passera une bonne nuit pour une fois, épuisée d'avoir fait du théâtre pendant toute une journée. Pas si mal finalement le théâtre. Bon ça va un peu se compliquer sur ses premiers postes mais vous allez voir que l'humanité va l'aider.

C'est pour son premier poste du matin depuis la reprise qu'elle comprend que c'était peut-être une erreur, d'enfiler la blouse de nouveau. Chouchoune et Doudoune avaient des petites habitudes, en même temps au bout de huit en relation, qui n'en a pas. Quand elle était du matin, elle envoyait un SMS pour dire qu'elle était bien arrivée et il lui répondait que Gabin et lui aussi, souvent accompagné d'une photo du duo. Elle le recevait souvent au moment où elle démarrait son tour de distribution des traitements. Un top départ de la journée qui lui donnait encore plus le sourire, oui parce qu'elle l'avait tout le temps au boulot, ou presque. Ils s'écrivaient rarement le reste du temps, préférant se raconter leur journée le soir. Mais aujourd'hui, il n'y aura pas de message de son amour. Et elle ne pensait pas que ça l'atteindrait autant parce qu'elle avait oublié cette habitude pendant son arrêt et là elle va le prendre en pleine face. Recevant un SMS de sa maman, lui signifiant que Gabin va bien. C'est en recevant ce message qu'elle capte et se souvient. Elle se sent dévastée d'un seul coup, les larmes montent et elle panique à l'idée de ne pas se contrôler et d'être prise au dépourvu encore à cause de cette foutue mémoire. Elle oublie, elle se souvient, elle ne sait pas ce qu'elle veut celle-là et en attendant c'est Marie qui trinque ! Elle se refuse de donner raison à cette mémoire, elle veut tenir et surtout que personne ne voit que ça ne va pas. Eh bien, vous allez voir que quelqu'un va l'aider sans s'en rendre compte. Elle prépare le traitement d'une résidente et en lui portant c'est le choc, la résidente se met à pleurer, émue de revoir Marie qu'elle pensait partie de la structure. Elle prétexta avoir été malade, la gorge serrée, les larmes n'étant pas loin de dégouliner le long de ses joues poudrées. Marie la prend dans ses bras pour réconforter sa résidente mais aussi pour elle, tellement émue de voir cette réaction à laquelle elle ne s'attendait absolument pas. Elle pose ce traitement à côté de son petit déjeuner, l'aide à s'installer, pose sa main sur la sienne et sort de la chambre avec un échange de regards attendris. Elle sort les yeux humides d'émotion, le cœur réchauffé et elle continuera son tour comme auparavant et en omettant consciemment l'absence de ce message. Cette femme, sans le savoir, lui a redonné du baume au cœur et l'énergie nécessaire pour faire face à ce tourbillon qui était en train de l'emporter. Quel beau métier qu'elle exerce, elle aide les autres mais les autres l'aident en retour.

L'humain, une autre clef pour s'en sortir, un autre moyen de trouver de l'énergie et du positif quand on a l'impression que tout est perdu. Elle retrouve un peu d'espoir et sa journée se déroulera plutôt bien finalement encore une fois. Elle tient et y arrive, mais pas seule. Ses résidents et ses collègues l'aident énormément sans le savoir et en remontant dans sa voiture, elle se dit que finalement ils avaient peut-être bien raison tous à dire que c'était trop tôt mais elle s'en contre fiche, elle ne lâche rien. Elle va prouver qu'elle peut le faire et tenir. Pourtant a-t-elle quelque chose à prouver à quiconque ? Non ! mais ça, c'est Marie, elle n'est pas capable de le comprendre, elle vit pour les autres depuis toujours et à l'impression qu'elle décevrait si elle lâchait et s'arrêtait de nouveau. Elle se refuse à cette possibilité. Elle ne s'arrêtait jamais de travailler même malade avant donc elle compte bien y arriver à n'importe quel prix.

Aujourd'hui, c'est le 22 avril ! Putain de calendrier de merde ! C'est leur anniversaire de rencontre, huit ans. Quelle journée éprouvante, qui fait remonter tant de souvenirs difficiles ! Il n'y aura pas de bouquet de roses rouges, pas de déclaration d'amour, pas de Post-it, pas de restaurant, ils ne regarderont pas le film préféré de Marie (tu ne tueras point) et surtout le lit sera encore plus vide cette nuit-là avec son éternel pyjama et le recommencement des insomnies. Ça faisait longtemps qu'elle n'avait pas passé ses nuits à se tortiller dans tous les sens, cherchant désespérément le sommeil ou le bouton off de son cerveau. Je vous épargne la journée de merde qu'elle a passée, les larmes et tout le tintouin parce qu'il y en a assez eu depuis le de début de ce livre et vous vous doutez bien de l'état dans lequel elle était. En se couchant, elle se fait son petit film comme tous les soirs et Madame la mémoire a décidé de la replonger dans les souvenirs de leur rencontre. Bon plutôt positif pour moi, parce que je vous ai promis tout un tas d'émotions et jusqu'à présent on n'a pas tellement ri ou souri donc il est quand même temps qu'on parle un peu d'amour, de légèreté et que je vous raconte un peu plus en détail comment est né ce couple, sur lequel personne n'aurait misé un seul centime et même pas eux, croyez-moi !

Comme vous le savez, Marie est la meilleure amie de Gaëlle depuis l'école d'infirmière et c'est une amie d'enfance de Vincent. Ils sont tous un groupe d'amis inséparables depuis le collège et le sont toujours actuellement d'ailleurs. Pour la petite info, c'est même plus un groupe d'amis, c'est une vraie famille.

À l'occasion de son anniversaire, Gaëlle en profite pour présenter, à ce fameux groupe, ses copains de l'école d'infirmière, donc Marie en couple avec Benoît à ce moment-là, Camille et Nico. Un resto est prévu et ensuite une tournée des bars. Marie ne connaît donc pas encore Vincent, le plus grand retardataire de l'univers. Donc comme à son habitude, il est en retard, tellement en retard qu'il n'arrivera qu'au premier bar en ayant loupé le resto. Lorsqu'il arrive, enfin, il ne reste qu'une seule place disponible à cette table, celle en face de Marie, qui est assise à côté de Benoît. Il faut savoir qu'à cette époque on est loin de là Brie Van de Kamp d'aujourd'hui, elle sort avec son meilleur ami. Lui est éperdument amoureux d'elle et ce n'est pas réciproque et il le sait mais il est persuadé qu'une histoire peut naître entre eux et insiste lourdement pour que leur amitié se transforme en amour. Alors juste pour lui faire comprendre que ça ne fonctionnera pas, ne voulant pas entendre que les sentiments de cet homme n'étaient pas réciproques, elle se met en couple avec lui. En effet, peu glorieux mais que voulez-vous ? À 19 ans, on ne fait pas toujours les bons choix et c'était sa spécialité à cette étudiante à l'époque. Elle faisait beaucoup la fête, se retournait la tête et séchait des cours. Heureusement, que Gaëlle était toujours dans les parages pour la raisonner, ne serait-ce qu'un peu. Elle vivait chez mamie Martine et papy Coco, la cohabitation avec sa mère n'étant plus possible à ce moment-là. Elle prenait le train tous les jours, allant à Vichy pour les cours. Elle ressentait un grand sentiment de liberté et faisait sa crise d'adolescence un peu tardivement. Donc elle sortait avec quelqu'un pour qui elle n'avait aucun sentiment amoureux mais une sincère amitié et complicité. En prenant cette décision, elle savait qu'il n'y aurait pas de retour en arrière et qu'elle ferait éclater le groupe et surtout que son amitié avec Benoît cesserait lorsqu'ils se sépareraient. Mais elle ne voyait pas d'autre solution, aussi radicale et dégueulasse que cela puisse paraître.

Bon revenons à nos moutons et donc à la naissance de cette idylle. Assis en face, elle ne le connaissait ni d'Adam, ni d'Ève. Mais lui si, il l'avait déjà repéré sur les réseaux sociaux et avait déjà des idées en tête. Il engage la conversation en faisant une blague pourrie sur le tatouage de Marie. Faisons un petit aparté là-dessus et après je vous raconte tout. À chaque épreuve de sa vie, que ça soit positif ou négatif, Marie se fait tatouer. On est en 2015, elle n'a qu'un seul tatouage, une horloge sur l'avant-bras gauche. Pas une simple horloge : à la place des chiffres, il y a 12 lettres qui composent le prénom de sa maman, de sa sœur, de son frère Adrien décédé à la naissance et le sien. Les aiguilles ressemblent à une clef. La clef du temps pour qu'elle se rappelle que seul lui est le pansement de toutes les plaies. Les aiguilles indiquent une heure bien spécifique pour chacune d'entre elles : les dates de naissance de la fratrie et la trotteuse sur le trois pour sa maman qui a eu trois enfants. Il y a une chaîne qui tient cette horloge, ressemblant à un chapelet et qui est composée de 26 perles, rappelant la date d'anniversaire de sa maman et qui relie un parchemin sur lequel est inscrite la date de naissance et donc de mort de son petit frère. Aparté terminé, je vais vous raconter la fameuse blague, si on peut appeler ça une blague.

Le mec assis en face d'elle lui dit : « comme ça, tu es toujours à l'heure », mais que c'est nul, alors oui il avait des yeux magnifiques mais franchement il fallait revoir la technique d'approche. Clément, assis à côté de lui, lui glisse à l'oreille que ce n'est pas une simple horloge et que ça signifie quelque chose d'important. Il s'est senti très con à ce moment-là et n'osait plus lui parler mais il avait déjà son idée en tête la concernant donc il ne s'arrêterait pas là. Il ne savait pas que Benoit était son copain et la pensait célibataire. Faut dire qu'ils étaient si mal assortis les deux aussi que ça ne se voyait même pas. La soirée se termine et chacun rentre chez soi, Benoît, jaloux de Vincent, voyant très bien ce qu'il cherchait, avait provoqué une dispute de « couple ». Marie voulait juste ne plus être avec Benoît et surtout pas avec l'humoriste à trois francs six sous. Elle avait beaucoup d'humour mais là reconnaissez que c'était hyper lourd.

Quelques jours plus tard, elle reçoit une demande d'ami sur les réseaux, le fameux rigolo, Vincent, elle l'accepte pour le groupe qu'elle avait beaucoup apprécié et pour Gaëlle mais pas vraiment pour lui. Il lui envoya un message de suite après, qui changea toute sa vision qu'elle avait de lui. Un message dont elle se souvient encore, dans lequel il s'excusait d'avoir été maladroit et lui demandait ce que son tatouage signifiait, si elle souhaitait le partager avec lui. Ce qu'elle fait, touchée par son message bien écrit, sans faute et avec beaucoup de bienveillance. Elle sentait la culpabilité du garçon et décide donc de lui répondre. C'est à partir de là qu'ils échangèrent des centaines de messages et découvraient de nombreux points communs et une même vision de la vie.

Une soirée est prévue avec le groupe d'amis, Marie n'ayant pas le permis, elle se fera amener par sa grand-mère et ramener par Gaëlle et son copain de l'époque. Vincent est là à cette soirée et Marie est sans Benoît ! Ils feront un blind test à cette soirée et ils se retrouveront en duo. Elle était super nulle à ce jeu et lui était brillant, une culture musicale impressionnante. Elle était hyper surprise et finalement, elle l'appréciait vraiment ce petit rigolo. Une fois le jeu fini, ils iront sur le petit balcon de l'appartement pour qu'elle fume sa cigarette et discuteront de tout et de rien. Elle aura le temps de fumer une quinzaine de clopes tellement ils parlent et ne se rendent pas compte du temps qui passe. La soirée touche à sa fin, Gaëlle s'engueule avec son copain et Vincent en profite pour lui proposer de la ramener chez ses grands-parents. Elle avait passé une excellente soirée à ses côtés et se tâtait de lui envoyer un message. Lui attendait qu'elle le fasse et elle hésitait en attendant qu'il en fasse de même. Elle commençait de comprendre que quelque chose se passait entre eux et elle n'envisageait pas de relation sérieuse, puis bon il y avait toujours ce Benoît qui ne comprenait toujours pas. Ce n'était pas le moment pour elle et elle ne voulait pas lui faire de mal. Elle faisait assez de mauvais choix, il fallait réfléchir un peu, alors elle n'enverra le message que le lendemain matin. Il paraît que la nuit porte conseil. Il faut savoir que de son côté, il sortait d'une violente rupture et qu'il cherchait juste une fille pour la voir de temps en temps, coucher avec, rien que pour lui donner le courage de continuer ses cours, de passer son BTS et d'oublier son ex. Il avait ça en tête pendant que Marie pensait qu'une histoire était possible. Mais il s'était renseigné sur qui elle était et vu ses agissements du moment, il la prenait un peu pour une « cas soc… », terme qu'il employait pour parler de Marie à son père. Bon faut dire qu'il n'avait pas tort non plus, elle sortait avec un mec qu'elle n'aimait pas, elle était sortie avec un mec marié et père de famille dont elle était très amoureuse d'ailleurs. Il lui promettait un avenir, qu'elle n'aurait jamais eu de toute façon, on les connaît ceux-là. En plus de ça, elle vit chez ses grands-parents et ne voit plus ses parents ni sa sœur. Donc en effet pas très stable celle-là, de quoi faire peur à quelqu'un qui souffre encore d'une rupture douloureuse.

Sauf qu'en continuant leurs échanges virtuels, l'amour naissait sans qu'ils ne s'en rendent compte ou qu'ils ne le veuillent vraiment. Pas une journée sans un message et ils s'attachaient l'un à l'autre petit à petit, créant une complicité. Il avait beaucoup d'humour finalement et Marie prenait la blague du bar pour un simple raté. Puis il finit par se lancer, en lui demandant un rendez-vous dans un bar de la place de Jaude. Elle accepta mais jouait avec le feu, étant donné qu'il y avait Benoît encore et toujours. Mais bon lui à Vichy et elle a Clermont, elle était tranquille. Vincent savait qu'elle n'était pas libre mais il la voulait à tout prix autant que son BTS. Ils prendront un verre et discuteront pendant longtemps. La seule demande de Marie c'était de rester discrets, donc même s'ils mouraient d'envie tous les deux de s'échanger leur premier baiser, pour elle c'était non. Elle n'en pouvait plus de cette relation avec son soi-disant meilleur ami et avait décidé d'attendre la fin des partielles de mai pour qu'il ne les rate pas. On était le 22 avril 2015, il est temps qu'il ramène Marie et voilà qu'en plein milieu de la place de Jaude, devant des centaines de personnes, il l'embrassa langoureusement. Révélation pour les deux, ils n'avaient jamais ressenti cela pour personne. Un moment hors du temps, une évidence, une alchimie. C'étaient plus des papillons dans le ventre mais des aigles. Ils ne faisaient qu'un pendant ces quelques secondes de baiser. Ils n'en revenaient pas tous les deux, ils étaient complètement bouleversés par ce moment intense en émotions. Clairement ils s'aimaient et ils venaient de le comprendre tous les deux en même temps. Bon par contre niveau discrétion, zéro pointé. Mais bon, ce qui venait de se passer était tellement incroyablement fort qu'elle s'en foutait complètement d'avoir été vu en train d'embrasser un autre que son soi-disant amoureux. Marie voulait être avec lui et elle savait que ce serait pour longtemps et lui s'en foutait de son BTS parce que Marie serait bien plus qu'un plan cul. Le véritable amour, l'unique, celui qu'on ne connaît qu'une seule fois dans une vie. Mais Marie insiste auprès de Vincent, pour qu'il attende la fin des partielles mi-mai, pour qu'elle mette fin à sa relation avec son meilleur ami. Elle savait qu'il ne les passerait pas si elle le faisait avant et elle ne pouvait pas lui faire ça. Vincent accepta, aussi douloureux soit-il pour lui, de patienter et accepta aussi d'attendre pour aller au-delà de simple baiser charnel. Elle ne pouvait pas tromper son meilleur ami, déjà si peiné de savoir qu'elle allait le perdre. Longue attente pour Vincent, mais le désir naissait entre les deux et bientôt il pourrait vivre leur amour au grand jour.

Chapitre 6

Cet amour naissant n'a pas connu un début très glorieux et on peut dire que ce n'était pas gagné et que leur histoire prendrait cette tournure. Parce que figurez-vous qu'une fois la relation entre Marie et Benoît terminée, l'histoire de Chouchoune et Doudoune a mis beaucoup de temps à se construire et à devenir passionnelle. Une lutte contre leurs angoisses permanentes de faire confiance à l'autre et de laisser leurs sentiments prendre le dessus. Ils y sont parvenus et on construit la relation amoureuse dont il rêvait tous les deux. Marie, qui ne regarde pas de film à l'eau de rose et lit principalement des romans policiers, ne croit pas une seule seconde au prince charmant mais Vincent c'était le sien. Un vrai romantique qui aurait donné sa vie pour la sienne, c'est peut-être ce qu'il a fait finalement. On y reviendra plus tard.

Revenons d'abord sur la rupture de Marie et Benoît. Cette rupture qui devait marquer le début de cette idylle aurait finalement pu tout détruire. Les partielles sont terminées et comme tous les jours, Benoît ramène Marie à la gare de Vichy pour qu'elle rentre chez ses grands-parents. Une fois sa voiture garée sur le parking de la gare, elle prend son courage à deux mains, le regarde en face et lui annonce qu'elle souhaite rompre avec lui, que leur relation ne marche pas et qu'elle n'éprouve que des sentiments forts d'amitié pour lui mais qu'elle ne ressent pas d'amour. Elle lui explique que depuis qu'ils se sont mis ensemble, leur complicité n'existe plus et qu'ils ne peuvent pas continuer ainsi. Benoît semble tomber de haut, pourtant Marie très distante depuis quelque temps, voire le début. Il lui demanda une dernière chose, qu'il la raccompagne jusque chez ses grands-parents en voiture, histoire qu'ils en discutent. Elle n'a pas envie, elle trouve cela inutile mais elle se dit qu'elle lui doit bien ça. Alors elle acquiesce, en étant très claire, elle ne changera pas d'avis. Ils discutent longuement sur le trajet, Marie est très mal à l'aise et qui plus est triste d'avoir perdu son meilleur ami. Il ne peut envisager une amitié avec elle, lui avouant qu'il lui porte un amour passionnel et qu'il n'arriverait pas à faire semblant. Qu'il souffrirait trop de la côtoyer au quotidien avec le groupe sans pouvoir la toucher, la prendre dans ses bras ou l'embrasser. Le pauvre, il n'avait pas pris conscience que leur relation n'avait jamais ressemblé à ça. Mais elle le comprend et au fond d'elle, le savait déjà, que ça finirait ainsi, même si elle espérait quand même. Le silence prend doucement sa place dans la voiture, Marie regarde les nuages défiler à grande vitesse dans le ciel, sa tête collée à la vitre. Sa petite voix intérieure est soulagée de l'avoir fait. Le trajet semble curieusement long et ce silence devient de plus en plus pesant, inquiétant, angoissant mais elle ne sait que dire. Il ne veut pas d'amitié, leur relation est terminée donc ce n'est pas le moment de faire des blagues ou de parler des partielles ou de quelconques autres sujets. C'est à ça que se résume maintenant la complicité de ses deux êtres, le silence.

À mi-trajet, il se gare sur le côté d'une départementale sans rien autour et où le réseau est relativement limité, voire inexistant. Il éteint le moteur sans prévenir et commence à avoir un comportement plus que limite. Il lui avoue qu'il la trouve encore plus belle maintenant qu'elle est redevenue inaccessible et lui demande de faire l'amour une dernière fois. Oui comme ça en plein jour sur le bord de la route ! Alors pour une relation passionnelle et fusionnelle, à la limite pourquoi pas mais pour une rupture non merci ! Marie refuse n'ayant aucune attirance physique pour lui, n'ayant aucune envie de se dénuder devant lui et encore moins dans sa voiture dégueulasse, garée sur la route à la vue de tout le monde. Elle ne veut pas mais à l'impression de ne pas avoir le choix. Elle sent qu'il va se passer quelque chose de pas très sympathique et ne sait pas trop comment elle va se démerder pour se sortir de ce pétrin dans lequel elle vient de se mettre. Elle aurait dû monter dans le train cette gourde ! Elle commence par se détacher, histoire de pouvoir sortir de la voiture au cas où. Elle refuse ses avances, lui expliquant calmement qu'elle avait été très claire à la gare. Elle ne changera pas d'avis, c'est fini. Elle n'a pas envie de lui faire l'amour et il se met en colère. Il hausse le ton et ses yeux déjà noirs le deviennent encore plus. Elle commence à flipper et lui demande de se calmer. En vain, il ne supporte pas le fait qu'elle le quitte et encore moins qu'elle refuse de lui faire l'amour une dernière fois et il la trouve égoïste de ne pas répondre à sa dernière demande. Elle rétorque qu'elle ne veut pas se forcer et que s'il l'aime tant que ça, il devrait le comprendre. Il ne va pas le comprendre, enfin peut-être que si mais à ce moment-là il veut cette relation charnelle donc rien ne peut lui faire changer d'avis. Il se penche sur elle et parcourt de ses mains tout son corps, cherchant à la déshabiller de force, la touchant sur les endroits les plus intimes de son corps (je ne vous fais pas de dessin !) et l'embrasse de force alors qu'elle se débat et qu'elle lui répète sans cesse d'arrêter. Elle est prise de panique et sort tant bien que mal de la voiture en lui hurlant dessus. Bonne idée de s'être détachée finalement. Prenant sûrement conscience de ce qu'il allait faire, il se calme et lui demande de remonter, qu'il va la ramener saine et sauve et que leur relation s'arrêtera devant le portail de ses grands-parents. Elle hésite longuement, veut appeler Vincent mais ça va foutre encore plus la merde. Elle a tellement honte qu'elle n'ose pas appeler sa grand-mère. Étant tous les deux amis avec Gaëlle, Camille et Nico, elle ne peut pas les appeler. Elle se sent coincée et décide de remonter dans la voiture en se disant qu'elle pouvait peut-être lui faire confiance. De toute façon, il n'y a pas de réseau. Donc après tout il l'aime, il ne va pas recommencer. Elle ne va pas rester plantée en plein milieu de rien à faire du STOP. Alors elle remonte et la fin du trajet fut interminable. Elle recolle sa tête sur la fenêtre, dans le silence, en pensant à Vincent et en ne rêvant que d'une chose, le voir pour se rassurer. Elle n'en parlera à personne de tout ça. Elle a été traumatisée par ce trajet et c'est ça qui va mettre en péril la relation de nos deux tourtereaux, qui n'attendaient qu'une seule chose, cette fameuse rupture. Elle perd toute confiance en elle en matière de relation avec les hommes, se sentant coupable de l'épisode de la voiture. Consciente que Benoît souffrait beaucoup à cause d'elle et a très peur de faire pareil avec ce fameux Vincent, qui lui a déjà bien souffert en matière d'amour et elle ne veut pas le faire souffrir. Serait-elle en train de sortir de sa crise d'adolescence et de devenir un peu censée et sentimentale ?

Elle va devenir distante avec l'homme pour qui elle ressent de profond sentiment. Espérant qu'il la quitte, persuadée qu'elle va le faire souffrir. Elle sort moins et invente des prétextes pour ne pas le voir. Comme du baby-sitting un samedi alors que tout le groupe se réunit chez Gaëlle pour voir un match de rugby et que Marie regarde le match avec sa famille et ne gardera aucun enfant. Vincent n'est pas dupe et il comprend qu'elle ment, mais ne sait pas pourquoi. Pendant ce week-end-là, Vincent manque cruellement à Marie et ne craint que d'une chose c'est qu'il la quitte et comprend qu'elle est éperdument amoureuse de lui. Vincent, commençant à en avoir assez de l'attendre et de son ambivalence permanente, met les pieds dans le plat et lui pose une sorte d'ultimatum. Ne voulant pas s'engager dans une relation dont il n'était pas certain de s'épanouir. On ne peut que le comprendre. La stratégie de Marie fonctionnait, il était en plein doute et à deux doigts de mettre un terme à une relation qui n'avait pas vraiment commencé. Mais c'était plus fort qu'eux, ils s'écrivaient et c'était inévitable. Ils étaient comme deux aimants, ils s'attiraient malgré eux comme si le destin faisait tout pour les unir. Ils ne pouvaient plus lutter contre cette attirance et Marie se décida alors de se jeter à l'eau pour la première fois de sa vie. Oui, vraiment se jeter à l'eau sans brassard quand on ne sait pas nager. Ils se retrouvent pour passer un moment ensemble, Vincent sûrement dans l'optique de mettre fin à tout ça ou au moins d'en évoquer la forte possibilité et Marie pense pouvoir rattraper toutes ses conneries en lui ouvrant son cœur et en se jurant à elle-même de ne plus jamais recommencer.

Pendant ce tête-à-tête, elle lui raconta toute sa vie. Elle commence par faire un petit débriefing sur sa famille. La mort de son frère à la naissance quand elle n'avait que trois ans et qu'elle ne découvrit qu'à l'adolescence. L'alcoolisme de son père, en partie responsable du divorce de ses parents. Après le divorce, Alex et Marie voient peu leur père parce qu'il boit même quand elles sont là. Puis un jour, mère et filles découvrent que le père déménage, par pur hasard. Oui, il a pris la fuite pour s'installer avec une femme à Saint-Étienne. Son patron lui avait trouvé une place dans une entreprise là-bas, n'acceptant plus son alcoolisme au travail. Elles n'auraient jamais été au courant si leur maman n'avait pas effectué les recherches. C'est à partir de là que les deux filles se retrouveront seules avec leur maman. Elle enchaîne ensuite sur le pourquoi elle vit chez ses grands-parents. Puis elle en vient à lui parler de ses nombreuses erreurs en matière de relations amoureuses. Donc sa relation avec cet homme marié et père de famille dont elle était amoureuse, puis revient sur sa relation avec Benoît pour lui raconter la version officielle de cette rupture. Ce fameux trajet qui l'a complètement choquée. Elle lui dit à quel point elle se sent coupable d'avoir provoqué ce débordement, lui avoue qu'elle n'en a jamais parlé à personne par honte, parce que depuis quelque temps elle les cherche les limites et qu'elle les a atteintes. Elle se sent mauvaise et pas fréquentable et a peur de le faire souffrir, alors elle a tout fait pour qu'il le quitte parce qu'elle l'aime tellement qu'elle n'a pas réussi à le faire. Oui, elle a dit à Vincent qu'elle l'aimait, première fois en 19 ans de vie, qu'elle prononce ces mots à un homme. Quand je vous dis qu'elle s'est jetée à l'eau, notre Marie, elle n'a pas fait dans la dentelle. Elle a continué pendant longtemps à lui dire à quel point elle se trouve moche, pas tellement intelligente, qu'elle n'a absolument aucune confiance en elle et a l'impression qu'elle ne peut pas faire de bien autour d'elle. Vincent l'a écoutée du début jusqu'à la fin sans jamais l'interrompre, ses yeux plongés dans les siens et sa main sur la sienne. Un geste qui signifiait, je ne m'attendais pas à ça mais je t'écoute alors vas-y dis-moi qui tu es et ce que tu veux. Marie finit de raconter le résumé de sa vie, de dévoiler l'image que lui renvoie son miroir, en larmes. Elle lui redit qu'elle est amoureuse de lui mais qu'elle craint l'engagement, de le faire souffrir et d'en souffrir aussi. C'est à ce moment-là que Vincent la prend dans ses bras et l'embrasse fougueusement. Ils se feront l'amour pour la première fois et c'est à la fin de ce rapport tendre et sincère qu'il lui avoue à l'oreille ses sentiments pour elle.

Ils passeront la soirée à parler de sa vie à lui, la séparation de ses parents, le harcèlement scolaire, sa rupture douloureuse, sa tentative de suicide, ses galères d'argent qui l'oblige à travailler les week-ends et les vacances scolaires. Sa relation avec sa mère relativement compliquée parce qu'elle est butée, qu'elle ne comprend jamais rien, qu'il en a marre de toujours temporiser et d'être inclus dans les conflits avec sa sœur. Il parlera aussi de sa relation avec son père, qu'il essaie toujours de faire du mieux possible pour le rendre fier et qu'il ne se sent jamais à la hauteur. Marie comprend en l'écoutant, qu'il voit son père comme un modèle et qu'il ne se sentira donc jamais à sa hauteur alors qu'elle, elle a honte de son père et fait tout pour ne pas lui ressembler. Pourtant ce n'est pas ce qu'elle fait en prenant une cuite à chaque soirée et en voulant fuir toute relation qui pourrait la rendre heureuse ? Eh bien si on y est ! Elle l'a compris et se refuse de devenir comme ça. Elle n'a pas besoin de son père pour se construire et devenir quelqu'un de bien. Il termine par lui dire que lui aussi n'a aucune confiance en lui, qu'il se trouve laid et se demande comment c'est possible qu'une aussi jolie femme comme Marie soit amoureuse de lui.

Elle le regardait tendrement, lui caressant le visage et se dit qu'elle a bien fait d'ouvrir son cœur et de tout balancer. Maintenant tout est clair, tout est sincère et ils décidèrent ensemble de tenter l'aventure de la vie de couple. De laisser ce fameux destin faire les choses et ils ont bien fait. Ils se sont aimés à partir de ce moment-là, d'un amour passionnel, sincère et rempli de post-it. Vincent avait un tableau en liège dans sa chambre d'ado chez sa mère, ils épinglaient dessus leurs tickets de cinéma, leurs échanges épistolaires quand ils ne se voyaient pas, se laisser des Post-its, des dessins, des photos. Leur amour en un tableau. Ils se manquaient dès qu'ils ne se voyaient plus à en avoir mal au ventre le dimanche quand il était l'heure que chacun rentre chez soi. Alors après de longues discussions, ils demandent aux grands-parents de Marie et à Marie-Noëlle s'ils peuvent vivre en alternance chez eux, en fonction des périodes de cours et de stages de Marie.

Demande acceptée des deux côtés. Ils sont trop contents, ils vont pouvoir se voir tous les jours. Finis les ventres noués du dimanche soir et place à la vie de couple. Ils alternent pendant une petite année, Vincent fait beaucoup de formation à Lyon, il y reste la semaine. Pas évident pour Marie, de rester chez sa belle-mère toute seule quand elle rentre de Vichy. Heureusement, elle a le permis maintenant. Elle reste quand même, pour se faciliter le quotidien et gagner une heure de sommeil pendant ses périodes de stage. L'entente était plutôt bonne, même si elle assistait à de nombreuses prises de tête entre Manon et elle, quand Manon n'était pas à l'internat. Manon adolescente aux fréquentations plus que douteuses et ayant besoin d'aide, confrontée à une mère destructrice qui l'enfonçait plus bas que terre sans ne jamais l'écouter. Manon viendra de temps en temps se confier à Marie, cherchant sûrement du réconfort, des oreilles qui l'écoutent et des bras pour la réconforter et la rassurer. Marie le fera mais pas hauteur de ses besoins, elle avait tellement de travail, elle allait en stage la journée et travaillait la nuit. Elle avait la tête qu'à cela, c'est une bosseuse ! Elle n'a jamais eu les capacités faciles d'apprentissage. Écouter un cours ne suffisait pas, il fallait qu'elle lise, qu'elle écrive, qu'elle relise, qu'elle surligne, qu'elle fasse des fiches, voire qu'elle dessine des schémas des organes pour comprendre et retenir chaque processus, traitement, pathologie ou protocole. Faire les liens entre chaque, hors de question d'apprendre quelque chose par cœur sans l'avoir compris. Pour elle c'est une perte de temps. Sa mémoire s'en souviendrait le jour des partielles et ensuite aux oubliettes sauf qu'elle en a besoin pour toute sa vie de ses connaissances donc elle travaille dur. Cela portait ses fruits mais c'était beaucoup de boulot, de stress, de remise en question, de doutes, elle s'en donnait les moyens mais sa confiance en elle lui jouait des tours. Tellement parfois, qu'elle a failli renoncer aux études plus d'une fois mais retenue chaque fois par sa mère, sa grand-mère, Gaëlle ou Vincent. Merci à eux parce qu'elle exerce le plus beau métier du monde selon elle. On y reviendra un peu plus tard.

Elle était donc peu présente pour Manon et les soirées avec Vincent ressemblaient à des marathons de révisions. Il l'aidait beaucoup à la faire réviser, lui redonner confiance en elle, calmer ses crises d'angoisses et disait stop quand elle était trop épuisée. Elle avait pris pour habitude de boire du Toplexil, tous les soirs avant de se coucher. Oui, le sirop pour la toux. Elle ne toussait absolument pas mais ça la shootait tellement qu'il n'y avait que ça pour l'endormir et ne pas passer ses nuits sur ses fiches de révisions. Elle ne voulait pas non plus en arriver à prendre des traitements du style somnifère ou autres molécules de ce genre alors c'était un bon compromis pour passer des nuits apaisées et réparatrices afin de recommencer le lendemain. Elle se levait tôt mais les jours de cours pour réviser avant d'aller à l'IFSI et se couchait à pas d'heure en révisant le soir. Elle disait toujours l'inverse en revanche à ses amis. Qu'elle ne révisait pas trop, sûrement pour se donner un genre. Quel genre ? Ils voyaient bien qu'elle avait bossé quand ils se posaient pour réviser ensemble. Elle était un peu complexée de voir à quel point ils semblaient avoir des facilités, alors qu'elle en chiait tout le temps. En même temps, les sessions de révisions avec ce groupe n'étaient pas hyper fréquentes, ils étaient plus du style, belote endiablée à chaque fois qu'ils avaient un trou ou une pause dans leur emploi du temps. Ils s'amusaient bien, c'étaient de vrais moments de partages et de rires et Marie en avait besoin, même si elle savait qu'en rentrant fallait mettre les bouchées doubles. Ça ne l'empêchait pas non plus de sortir les jeudis soir à Vichy pour les soirées étudiantes. On commençait chez Camille, la seule à avoir un appartement sur place. Une fois bien imbibés d'alcool, ils sortaient dans ce bar « Le Gaulois » puis finissaient souvent en boîte de nuit. Il y en aura eu des vendredis difficiles, avec les cours à 8 h en amphithéâtres. Les élèves dégageaient des vapeurs d'alcool (je ne vous explique pas l'odeur dans la salle). Il y avait ceux qui sortaient vomir, ceux qui dormaient, ceux qui ne venaient pas et les plus exemplaires qui n'étaient pas sortis et qui étaient en pleine forme supportant les odeurs des autres. Notre petit groupe faisait rarement partie des exemplaires et en revanche ne se faisait jamais remarquer.

Vincent appréciait peu que Marie sorte autant sans lui, il connaissait son passé et il était d'un naturel jaloux. Jalousie gentille quand même mais jaloux. Il lui faisait confiance mais avec l'alcool et tout le monde qu'il y avait à ses soirées, il était peu rassuré et ça engendrait quelques disputes. Mais Marie souhaitait son indépendance et elle voulait qu'il lui fasse vraiment confiance. Elle ne voulait pas changer son comportement et son mode de vie pour lui. C'était sa vision du couple, on ne change pas pour l'autre. On aime l'autre comme il est, on ne cherche pas à le faire changer sinon ça signifie qu'on veut aimer une autre personne. C'était très important pour Marie, cette vision du couple, accepter et aimer l'autre comme il est. Vincent eut beaucoup de mal au début mais finit par comprendre ce qu'elle voulait dire et était même d'accord avec ça finalement. C'était beaucoup plus léger entre eux après ça. Marie lui exprima ses règles d'or pour un couple équilibré :

– Règle numéro 1 : LA COMMUNICATION. Oui primordiale, on peut s'aimer à dix mille pour cent, si on ne se parle pas, ça ne marche pas ;

– Règle numéro 2 : LA CONFIANCE. Il ne suffit pas de faire confiance à l'autre quand il était à côté de nous et à jeun. Il faut lui faire confiance quand il n'est pas là, qu'il soit alcoolisé ou non ;

– Règle numéro 3 : LE SEXE. On a beau entendre que ce n'est pas important, bah pour Marie ça l'est. Parce que c'est en se sentant désiré, qu'on prend confiance en soi. Elle se sentait belle à ses yeux et il n'y a rien de mieux pour donner confiance à quelqu'un. C'est aussi un moment où deux êtres ne font qu'un, où le corps exprime ce que l'on ressent au plus profond de nous. Un moment où il n'y a pas de pudeur ou de gène. Un moment intime, une déclaration d'amour à renouveler sans limites. Ils étaient partisans des réconciliations sur l'oreiller. Il n'y a rien de mieux que ça pour exprimer sa rage, voir sa haine, plutôt que de sortir des horreurs qu'on ne pense pas ;

– Règle numéro 4 : L'ARGENT. Jamais au grand jamais l'argent doit-être un problème entre eux. Si l'un a des soucis, l'autre l'aide sans attendre en retour ;

– Règle numéro 5 : NE PAS S'OCCUPER DE SA BELLE-FAMILLE. S'il y a des soucis avec la belle-famille de l'un ou de l'autre, ils en parlaient ensemble et chacun réglait le problème avec sa propre famille. Cela évite les disputes de couples inutiles sur ce sujet. Ça évite les querelles de famille et tout le monde s'en porte bien.

Donc selon notre Marie, si ces cinq règles d'or fonctionnent, le couple ne peut que fonctionner. Attention, elle n'en est pas certaine, juste intimement convaincue et Vincent trouvait cela plutôt juste. De plus, chacune de ses règles potentialise les autres. Ils ont mis du temps à tout équilibrer mais ils y sont parvenus et pour Marie, leur couple était parfait. Ça dysfonctionnait parfois mais ils savaient pourquoi ça ne marchait plus comme il faut et ils corrigeaient, avec toujours en tête que c'était « leur amour d'abord ». L'amour est une réelle entreprise, un combat de tous les jours si on veut pouvoir aimer l'autre toute sa vie sans que la fleur ne fane, sans que la vie quotidienne oppressante ne prenne le dessus et sans que quelqu'un d'autre puisse prendre la place. Ça demande de s'investir, de se remettre en question, d'accepter de fauter, de mettre son ego de côté, de montrer ses faiblesses et d'être le plus honnête possible envers soi-même pour l'être envers l'autre. Bonne elle n'est pas conseillère matrimoniale non plus hein ! C'était leur vision du couple, ça fonctionnait à merveille pour eux, ça ne veut dire que c'est pareil chez les autres.

Reprenons, on peut dire qu'ils sont heureux de vivre ensemble même si ça devient très vite lourd de vivre chez les grands-parents de Marie ou chez la mère de Vincent. Dans les deux cas, il y a de gros points négatifs qui commencent à fortement les peser. Pas besoin d'exposer les points négatifs, on n'est pas fait pour vivre chez sa belle-mère et encore moins chez les grands-parents de sa copine quand on a vingt ans. Mais ce n'est pas avec la petite bourse de Marie qu'ils peuvent se prendre un appartement. Ils ont songé plusieurs fois à ce que chacun reprenne son quotidien dans leur famille respective mais l'amour plus fort que tout, c'était impossible pour eux de se détacher l'un de l'autre.

Puis la nouvelle tombe, le 19 juillet 2016, Marie est officiellement infirmière diplômée d'état ! Quel nom pompeux ! Elle est infirmière quoi. Vincent apprend à ce moment-là qu'il a réussi son entretien chez

Michelin, qu'il est embauché en CDI à un poste qui implique normalement plus de qualifications. Une occasion qu'il ne peut pas refuser. Rentrer dans cette grande entreprise avec une bonne place pour une première expérience pro c'est super et Marie ne comprend pas tellement le désarroi de Vincent à ce moment-là. C'est une super nouvelle, une super opportunité pour lui et en plus ils vont pouvoir emménager ensemble, que tous les deux et commencer leurs vies professionnelles, enfin ! Elle ne savait pas qu'elle avait zappé un léger détail, le poste se trouve à Roanne et donc cela impliquait qu'ils devaient quitter Clermont-Ferrand. Le coup dur, Marie est dégoûtée de devoir partir, elle aime tant vivre ici. Elle doit tout quitter, sa famille, ses amis, son équilibre (vous savez à quel point le changement elle déteste ça) mais elle décide de rester pragmatique : elle n'a encore accepté aucun poste et lui il a un travail donc pas besoin de réfléchir cent sept ans. Elle lui dit d'accepter qu'elle parte avec lui et qu'ils verront bien. Vincent lui propose de prendre chacun un appartement, qu'elle reste à Clermont et qu'il reviendra les week-ends. Hors de question pour Marie, elle l'aime beaucoup trop pour supporter cela au quotidien. Puis elle est trop habituée à l'avoir tout le temps près d'elle maintenant. Elle refuse sa proposition et lui dit qu'ils vont vivre cette aventure ensemble et qu'ils verront bien ce que ça donne. Il est heureux qu'elle fasse ce sacrifice, pour lui c'est une vraie preuve d'amour et il lui dit qu'il lui rendra la pareille. Qu'un jour son travail deviendra la priorité, pour son bonheur. Marie n'a pas besoin qu'il fasse cela mais elle sait qu'il le fera et ça la réconforte.

Bon on ne peut pas dire que cette installation fût idyllique, c'était une catastrophe même, un enfer. On ne sait pas comment ces deux-là ont tenu le choc d'ailleurs. Peut-être les fameuses règles d'or ou « l'amour d'abord ». Je ne vais pas tout vous raconter maintenant il faut bien que ce petit bon dans le passé cesse un moment et qu'on voit comment Marie s'en sort actuellement, endeuillée, dans sa reprise du travail et d'un semblant de quotidien.

Chapitre 7

Pour le coup et contre toute attente, elle tient, elle enchaîne les postes du mieux qu'elle peut. Elle se donne pour vaincre son chagrin et sa fatigue morale pour faire sortir le meilleur d'elle-même quand elle enfile sa blouse. Elle continue les séances avec Delphine maintenant convaincue qu'elle ne peut pas s'en sortir sans elle. Elle est têtue mais savoir se faire aider n'est pas signe de faiblesse, elle le comprend petit à petit et se laisse aller dans le bureau de cette psychologue. Elle est complètement transparente avec elle, elle lui dit tout et ouvre de nouveau les robinets, laissant ses larmes s'échapper le temps de ces séances. Le reste du temps, elle ferme tout à double tour et ne pleure presque plus. Interdiction de lâcher au travail et malheureusement elle commence de se renfermer. Elle reconstruit sa carapace de tortue et ne laisse plus rien paraître. Ça va lui être délétère tout ça. Elle ne va plus au cimetière, se refusant d'aller le voir là-bas. Elle ne va jamais sur la tombe de quiconque, même de son père ou de son grand-père. Elle pense à eux et ça lui suffit. Pas besoin d'aller se planter devant pour parler dans le vide sans jamais avoir de réponse. Elle ne se confronte pas à ce qui fait mal, comme si ça pouvait enlever la douleur, la souffrance et le manque. Mais pour Vincent c'est tout autre chose, elle culpabilise énormément de ne pas aller le voir, de le laisser seul dans ce caveau où il n'y a que son grand-père, qu'il n'aimait pas. Elle regrette d'avoir cédé sur le choix du cimetière, elle a l'impression qu'il ne peut pas reposer en paix dans cet endroit. Alors quand elle lui rend visite, elle lui raconte comment évolue leur fils, elle lui demande de lui donner la force de lui dire la vérité. Puis elle s'excuse encore et toujours, se décharge de toutes les culpabilités qui l'envahissent. De l'avoir mis là, de ne pas venir assez souvent, de ne pas être arrivée plus tôt le jour de l'accident pour être présente quand il est parti, de se sentir mauvaise mère, de ne pas dire la vérité à Gabin et on en passe. Elle pleure tout ce qu'elle peut. Ses passages au cimetière sont vraiment destructeurs pour elle. Parce que même mort, il réussit à lui retirer sa carapace pour qu'elle évacue et qu'elle verbalise tout son mal être. Elle voit ça comme de la souffrance mais ça l'aide en réalité. Elle ne peut pas enchaîner les journées comme un robot, c'est une vraie cocotte-minute prête à exploser. Elle se rend à l'évidence, ils sont toujours connectés d'une manière ou d'une autre. Mais elle ne supporte pas de lui parler sans le voir, sans le toucher, sans avoir de réponse et d'aller le voir toujours au même endroit sans que rien ne bouge jamais. Comme s'il attendait là, qu'elle vienne le voir. Quand elle se décide à y aller, elle pleure, elle se plaint et elle s'excuse encore et toujours. Elle n'arrive pas à lui apporter un peu de gaieté, de sourire, de légèreté, alors elle préfère ne plus y aller. Delphine la poussera à y aller de temps en temps, pas parce que c'est une nécessité d'aller voir les morts au cimetière mais parce qu'elle sait que Marie ouvrira les vannes comme dans son bureau et qu'elle a un grand besoin d'évacuer avant de chuter et de perdre complètement le contrôle.

Arrive son premier week-end du soir, elle fait vendredi, samedi et dimanche du soir. Elle a vu la psy le jeudi, est complètement vidée de sa séance et sur le retour, elle s'est arrêtée au cimetière pour finir d'évacuer. Je ne vous explique pas dans quel état elle est. Les yeux gonflés par les torrents de larmes, le moral à zéro ; son sourire omniprésent a disparu. Elle arrive à 13 h 30 vendredi, s'installe pour les transmissions, parle peu, l'envie de pleurer ne s'étant pas arrêtée depuis la veille et l'insomnie qui n'arrangeait rien. Une fois les transmissions finies, ses collègues, Julie et Yannick, ont bien vu que ça n'allait pas et en ont profité pour lui demander ce qui n'allait pas. Il n'en a pas fallu plus pour qu'elle fonde en larmes, expliquant qu'elle était épuisée de ne pas dormir, qu'elle mangeait peu et qu'en ce moment, elle était envahie par le chagrin et le manque, qu'elle se demande bien comment elle va pouvoir gérer trois jours de travail seule. Ils proposent alors tous les deux qu'elle rentre chez elle et qu'ils vont prendre le relais pour le week-end mais elle refuse. Elle doit « Rester debout ! ». Si elle accepte, c'est synonyme d'effondrement pour elle. On est bien d'accord que pas du tout ! Alors elle convainc ses collègues qu'elle va se reprendre et s'en sortir. Ce qu'elle fit mais avec difficultés et dans la détresse. Le manque est plus fort que tout et elle ne s'en sort pas. À la pause, elle pleure auprès de ses collègues aides-soignantes et agents sociales. Elles la réconfortent comme elles peuvent et elles réussissent à lui faire comprendre qu'elle peut craquer au travail, que ça ne fait pas d'elle quelqu'un de faible et que tant bien que même, elle a toutes les raisons du monde de l'être.

Pendant ce week-end de l'enfer, elle échange par texto avec sa maman et Eric sur son mal être, elle dit qu'elle n'y arrive pas. À quel point elle se sent nulle et pas à la hauteur de son travail. Qu'elle veut y arriver mais qu'elle n'est pas assez forte. Pourtant tout le monde l'avait prévenu que c'était peut-être un peu trop tôt pour reprendre. Elle entend déjà les « on te l'avait dit » résonner. Bien évidemment, personne ne lui dira jamais ça, puis ça aurait été vraiment mal venu. Beaucoup lui proposent de prendre un mi-temps thérapeutique, ce qu'elle refuse. Elle veut continuer comme ça, c'est non négociable. Delphine la menacera à plusieurs reprises de l'arrêter quand elle était beaucoup trop épuisée. Ses menaces l'aidaient à tenir parce qu'elle ne voulait pas retourner dans son canapé en attendant que le temps passe. Ses grâces à ses menaces, aux câlins de sa maman, aux sourires de son fils et à la présence d'Éric, qu'elle tient et avance.

De nombreuses fois, Eric l'attendait à la sortie de son travail à 21 h, ils allaient s'asseoir sur banc dans le parc d'en face et elle soufflait, elle lâchait prise le temps d'une cigarette avant de rentrer dans sa maison. Un vrai moment de réconfort pour elle, un soutien sans faille de la part de ce papa lui-même meurtrie et dans la douleur. Ses moments hors du temps permettent à tous les deux de construire cette relation intense et indispensable pour l'un et l'autre. Ils ont besoin de l'un et de l'autre pour avancer. Marie voit en Eric se second papa, elle se confie, lui demande des conseils et fait tout pour essayer de lui donner le sourire quand elle le peut. Elle veut le protéger et le soutenir du mieux qu'elle peut mais ce n'est pas chose simple pour elle en ce moment. Elle est tellement reconnaissante de tout ce qu'il fait pour elle, qu'elle passe ses insomnies sur internet à trouver LE cadeau d'anniversaire. Nous sommes en avril et l'anniversaire d'Éric est en mai, elle a le temps mais elle a une idée bien précise en tête et ne sait même pas si elle va réussir à trouver. Une motivation qui va lui redonner un peu d'énergie et qui va alimenter la complicité de cette relation. Eric est un fan absolu de Mylène FARMER, alors Marie cherche un objet ou un disque rare pour compléter son énorme collection. Pas évident quand on ne sait pas ce qu'il y a dans la collection et qu'on ne sait pas vraiment ce que l'on cherche ! Elle explore tous les sites internet pendant des nuits entières, un travail acharné, elle veut l'objet rare qui fera briller ses yeux, ne serait-ce que trente secondes le jour de son anniversaire. Elle sait très bien que ça sera un jour difficile pour lui, d'être sans son fils pour qu'il souffle sa bougie alors il faut qu'il se passe quelque chose pour qu'il puisse un peu oublier, le temps d'un instant l'absente de son aîné pour la première fois depuis 28 ans. C'est lors d'une énième insomnie que Marie trouve ! Un double disque de platine, magnifique objet qu'elle obtient aux enchères. Il y en a que cinquante exemplaires dans le monde, et celui-là est le cinquième. Alors là on est sur le cadeau parfait. Le problème avec elle, c'est qu'elle aime tellement offrir les cadeaux que c'est difficile de ne rien dire et de ne pas vendre la mèche. Lorsqu'elle apprend qu'elle avait remporté l'enchère, elle était chez Eric et elle n'a pas pu contenir son stress puis sa joie d'avoir gagné. Ce qui a évidemment intrigué Eric et c'était le top départ d'un compte à rebours de 21 jours. 21 jours où Marie ne devait rien dire et 21 jours où Eric a passé son temps à la harceler pour qu'elle lâche le morceau. Elle donna quelques indices mais tellement vagues qu'il ne trouvera pas. Elle aura tenu jusqu'au jour de son anniversaire pourtant à deux doigts de craquer dès le premier jour, tellement heureuse de lui offrir ce cadeau. Le jour J, elle récupère Gabin chez la nounou après le travail et file en quatrième vitesse chez Eric pour lui offrir le fameux cadeau et mettre fin à ce compte à rebours insupportable. L'impatience de Marie était à son maximum et le résultat était à hauteur de ses attentes. Elle est tombée dans le mille et il est content de son cadeau. On ne va pas dire heureux non plus parce qu'une ombre plane au-dessus de ce beau moment mais le principal c'est d'avoir vu son sourire. Avec Manon, elles organiseront son anniversaire surprise au restaurant, réunissant un maximum de ses proches et lui offrant une cagnotte pour qu'il puisse se faire un voyage. Elles ont donné leur maximum pour mettre quelques rayons de soleil dans ce brouillard infini.

Toute cette organisation a redonné un coup d'accélérateur à Marie et elle sort petit à petit de sa période sombre. C'est ça aussi le deuil, des montagnes russes. Elle va plutôt bien, elle sent qu'elle remonte la pente et d'un seul coup, elle redescend aussi vite qu'elle est montée. Il faut l'accepter, laisser son corps faire son chemin. Être fort puis se relâcher. Elle doit saisir tous les instants qui la rendront plus forte, cet anniversaire en a été un.

Les postes du matin étaient moins difficiles parce qu'ils étaient deux infirmiers et qu'ils avaient beaucoup de travail. Elle était plus prise par son boulot et ça ne laissait pas de place à son désarroi. Elle était seule sur les postes du soir et c'est là que le chagrin reprenait souvent le dessus et c'était vraiment dur de ne pas l'écouter. Mais elle avançait et ne renonçait pas, convaincue que le temps serait son allié pour continuer, alors persiste et signe. Elle va y arriver aussi difficile que cela puisse être, elle doit y arriver. Le travail c'est sa force de pouvoir reconstruire un quotidien pour elle mais aussi pour son fils. Il est habitué à voir maman aller au travail donc c'est forcément quelque chose de « normal » pour lui, elle déteste toujours autant ce mot d'ailleurs. La normalité chez un enfant c'est signe de réconfort et de stabilité. Alors elle souffre mais elle sait que c'est une bonne chose pour son tout petit.

Les jours passent et se ressemblent de plus en plus à une exception prête c'est que Marie a franchi un grand pas. Alors que Gabin va bientôt souffler sa deuxième bougie, il lui demande une énième fois où est son papa. Elle ne peut plus lui mentir, elle ne peut plus se regarder dans la glace, elle doit le faire et se lancer pour leur bien à tous les deux. Alors elle prend son courage à deux mains et lui dit la vérité, à hauteur de son vocabulaire, la voix tremblante, les yeux remplis de larmes et le cœur qui bat plus vite et plus fort que d'habitude. Par chance, il parle déjà très bien pour son âge.

— Maman, il est où papa ?

— Papa, il a eu un accident avec sa moto, il est tombé, il a très bobo. Il a tellement bobo, qu'on ne peut plus le voir. La moto est cassée.

Elle ne s'attendait pas à une réponse pareille. Il se mit à rire et part en courant dans sa chambre pour continuer de jouer. Déstabilisant mais c'est sa réaction et elle l'accepte tout en pleurant toutes les larmes de son corps malgré la fierté d'avoir réussi à lui dire. Elle ne pouvait plus repousser l'échéance, elle ne pouvait plus lui dire qu'il était au travail, il fallait qu'elle le dise pour qu'une relation de confiance s'installe entre eux et que Gabin ne se construise pas inconsciemment sur un abandon. Les jours qui suivent ont été très éprouvants parce que comme tout enfant, il a besoin de se répéter et qu'on se répète pour intégrer. Alors la question : Maman, il est où, papa ? reviendra plusieurs fois par jour pendant des semaines. Il ne la posera qu'à sa maman, quelquefois à Manou (le surnom de la maman de Marie), mais rarement. La réponse sera la même, mot pour mot à chaque fois. La question s'arrêtera du jour au lendemain, laissant place à une affirmation quotidienne.

— Maman, la moto de papa, elle est cassée, à la poubelle et papa il a un gros bobo parce qu'il est tombé dans les cailloux.

Marie acquiesce et confirme ses dires à chaque fois, déclenchant des larmes, tellement désemparée, écœurée, et profondément triste que son fils n'ait plus de papa et qu'il en soit conscient maintenant. Elle sait qu'il a besoin de se répéter pour inculquer et comprendre. Il sait, ça le rassure de savoir et c'était la solution la plus saine à avoir, mais bordel, que c'est l'enfer d'entendre au quotidien que le père de son fils a eu un accident mortel avec sa moto. Delphine lui dit que ce passage ne va pas durer et qu'un jour, elle ne pleurera plus et que plus le temps passe plus cela deviendra une discussion supportable. Encore notre ami, le temps. Il est certes un allié mais on aimerait qu'il se bouge un peu plus le cul parfois, qu'il fasse avancer les aiguilles et que la terre tourne un peu plus vite, pour qu'on cesse de souffrir autant ou du moins autrement.

Parce que le temps et la mémoire sont vraiment deux éléments diaboliques du deuil pour Marie. Je ne sais pas pour vous. Un coup ce sont ses amis, puis d'un coup ses ennemis jurés. Je m'explique, quand les journées de boulots se passent bien pour elle, le temps passe à une allure folle, elle ne souffre pas trop et là BAM notre ennemi la mémoire se souvient qu'on est le 5 du mois et on est replongé dans l'enfer, les souvenirs de l'accident, les larmes, le manque, le désespoir, les multiples questions, la culpabilité et on en passe. Parfois, elle se réunit avec Éric, Manon, sa mère ou ses copains, et là, son amie, la mémoire, lui rappelle de bons souvenirs et tout le monde rit. Là elle aime sa mémoire mais bizarrement le temps passe beaucoup trop vite pendant ces moments-là et quand tout le monde rentre chez soi, le vide refait surface, la culpabilité d'avoir passé un bon moment sans lui et la soirée sera interminable. Alors oui on a besoin de temps et de cette mémoire, car sans eux on n'y arriverait pas mais il s'allie rarement et c'est en ça que chaque jour est une bataille. Chaque jour est un nouveau souvenir, un nouveau rappel à l'ordre mais l'humain est bien constitué parce qu'on finit par s'y habituer. En tous cas Marie s'y habitue, elle sait maintenant qu'à tout moment un souvenir peut remonter, que quand elle sort avec ses amis le retour sera difficile et qu'il y aura des journées plus longues que d'autres. Elle s'y habitue pour moins souffrir, être moins prise au dépourvu et reprendre le contrôle sur ses deux maîtres qui sont complètement incontrôlables en période de deuil. Après est-ce que ce n'est pas le temps qui fait qu'on s'habitue ? Peut-être bien, il n'est peut-être pas si méchant que ça, lui, finalement. Pour la mémoire, ça reste à analyser parce qu'elle est beaucoup plus vicieuse celle-là. Elle utilise tous vos sens pour vous faire souvenir et peut surgir à tous moments. Elle est beaucoup plus puissante et beaucoup plus difficile à maîtriser mais sans elle on ne se souviendrait de rien et est ce qu'on en envie que Marie oublie Vincent ? Bah non ! Ils s'aiment beaucoup trop ! Elle ne veut rien oublier de lui, d'eux, de leur amour et de leurs huit ans de relation. Alors quand on y réfléchit est-ce que le temps et la mémoire sont ses ennemis ? Peut-être bien que non en fait ! Il va juste falloir du temps pour que ses souvenirs lui donnent le sourire et la fassent de moins en moins souffrir. Le deuil fait complètement valser l'équilibre de ces deux-là et c'est ensemble qu'ils arrivent à se rééquilibrer mais il faut du temps.

On est un peu parti dans une réflexion philosophique à deux francs six sous là non ? Moi je trouve que ça tient plutôt la route quand même. En tous cas c'est comme ça que Marie voit les choses et c'est plus simple pour elle de penser comme cela pour « Rester debout ! ». Elle aime bien ça notre Marie, pousser un peu la réflexion sur certains sujets parfois. Elle se dit scientifique mais était plutôt douée en philosophie au Lycée. Elle aime voir les choses de différentes façons et analyser les situations pour toujours en tirer le plus de positif possible. Regardez, en quelques lignes, elle s'est prouvé que notre mémoire et le temps sont nos alliés, pourtant persuadée du contraire sur les chapitres précédents. Elle aime évoluer et changer sa vision des choses. Elle analyse son deuil, essaie de le comprendre pour savoir où elle en est et comment elle avance. Ce qui est sûr, c'est qu'elle ne recule pas même quand elle chute et c'est le plus important pour elle.

Maintenant question travail c'est plutôt routinier, elle ne craque plus, elle arrive à se contenir et en a de moins en moins besoin, se satisfaisant de sa psychothérapie. Il faut dire qu'elle commence d'organiser l'anniversaire de son tout petit et qu'elle a la tête bien pleine. Ne dormant toujours pas, retrouvant un peu l'appétit petit à petit, elle se lance dans les préparatifs pour que tout soit parfait évidemment !

Malheureusement elle doit commencer par appeler la mairie pour annuler le baptême civil prévu depuis longtemps. Voulant mettre à l'honneur le parrain et la marraine, Chouchoune et Doudoune avaient décidé de faire un baptême civil et avait choisi de le célébrer pour ses deux ans, faisant d'une pierre deux coups. Pas de baptême religieux, Vincent étant athée et Marie préférant que Gabin choisisse sa religion lorsqu'il sera en âge de faire ses propres choix plutôt que de lui imposer un dieu et des croyances. Relativement ouverte d'esprit, cette maman. Donc elle appelle la mairie pour annuler, ils ne sont pas surpris et l'informent de nouveau, qu'ils sont présents si elle a besoin. En effet, elle se voit mal seule avec Gabin dans les bras, face à la mairesse et entourées de Gaëlle et Quentin en sachant tous qu'il manque quelqu'un. Cela n'a plus de sens, elle prévient tous les invités que le baptême est annulé mais qu'elle maintient l'anniversaire le même jour. Un goûter puis un apéritif dînatoire pour ceux qui voudront rester. Il annonce extrêmement beau et chaud, donc elle dresse une jolie table sur sa terrasse et passe sa journée à tout préparer pour que tout soit parfait. S'activer et courir partout lui empêche de penser que papa ne sera pas sur les photos, qu'il n'aidera pas à souffler les bougies (Gabin crachant plus dessus qu'autre chose), qu'il ne l'embrassera pas lui disant que c'est la meilleure mère du monde, qu'il ne fera pas le pitre, surtout qu'il n'ouvrira pas les cadeaux avec son fils, qu'il ne prendra pas de plaisir à construire les jouets et s'amuser avec lui. Pour éviter toutes larmes et être la plus gaie possible pour son fils, elle court partout. Tout était presque parfait, Gabin était heureux et la journée s'est bien passée, tellement qu'elle s'est terminée à plus de deux heures du matin. Marie avait beaucoup bu, une fois Gabin couché. Elle était joyeuse comme à chaque fois qu'elle boit et elle part se coucher sans penser. Merci l'alcool ! Ce n'est pas bien de trop boire mais parfois ça donne un coup de pouce quand même, on ne va pas se mentir.

Ce que vous ne savez pas c'est que de fêter cet anniversaire, à forcément déclenché le retour de la sorcière. Vous savez la méchante de cette histoire, la belle-mère, peu originale mais triste réalité. Il est vrai que depuis l'épisode de l'enterrement, on en parle peu. Si tel est le cas, c'est parce qu'elle est complètement absente des radars celle-là. Elle envoie un SMS de temps en temps pour prendre des nouvelles de Gabin et passe le voir une fois tous les quinze jours en moyenne de 18 h à 20 h. Marie proposa une fois qu'elle vienne pour 16 h, histoire qu'elle en profite mais elle refusa en disant que ce serait 18 h ! Bah oui évidemment il faut que son toutou de conjoint soit là à chaque fois. Ça se passe toujours pareil, ils viennent boire l'apéro sans s'occuper de Gabin. Pas faute que le petit aille vers elle pour tenter une approche mais le pauvre se prend de sacrés vents. Il lui demande de venir voir le dessin animé avec elle dans le canapé. Sa réponse : « je ne le connais pas celui-là » ou alors elle le rejoint cinq minutes puis retourne s'asseoir à table, pour boire son verre de rosé. Vraiment des moments inutiles qui agacent Marie. Déjà ils partent tard, donc ça décale l'heure du bain, du dîner, du coucher et Gabin chouine parce qu'il est fatigué mais ça, elle ne le comprend pas. En même temps, qu'est-ce qu'elle est en mesure de comprendre ? Les discussions sont toujours les mêmes, le travail de lui. Il est conducteur d'engins sur les chantiers et il parle de ses travaux sans cesse en se proclamant le meilleur de tous, tout le temps. Mais que c'est lourd, bordel ! Marie se contre-fiche des travaux sur l'autoroute. Marie-Noëlle parle peu et ça lui va très bien. Elle ne fait rien de ses journées et a donc peu de choses à dire. Allez savoir pourquoi elle ne profite pas de ces moments-là pour s'occuper de son petit-fils ? Marie ne comprend vraiment pas. Ils viennent pour quoi faire ? Ils s'en foutent du petit, ils ne viennent pas pour voir la mère de Marie et encore moins pour Marie elle-même. Alors qu'est-ce qu'ils font à part se donner bonne conscience ? Entre deux apéros lourds dingues, c'est silence radio. Jamais un appel ni un SMS pour avoir des nouvelles ou proposer de l'aide. Marie, voulant la paix et fuir le conflit le plus possible, lui propose de garder Gabin de temps en temps. Elle se dit qu'elle doit le faire par respect pour Vincent et a toujours espoir que sa belle-mère prendra conscience qu'elle agit mal. Malheureusement, vous allez voir que nous sommes qu'au début des conneries avec ces deux-là. Marie sait au fond d'elle que ça va mal finir, elle fait tout ce qu'elle peut pour que ça ne se produise pas mais ça va être inévitable. Ils vont la faire souffrir et aller beaucoup trop loin. Pour le moment, Marie ne dit rien parce qu'elle veut respecter l'homme de sa vie. Oui, encore madame la culpabilité qui fait son grand retour. Si elle dit ce qu'elle pense, ça va forcément partir au clash, bêtes et méchants comme ils sont, et elle va regretter de l'avoir fait. La règle numéro 5 : ON NE S'OCCUPE PAS DE SA BELLE-FAMILLE, prend toujours le dessus pour Marie à ce moment-là. Elle est complètement bloquée par cette dernière, alors elle les laisse faire, elle verra bien comment les choses se passent et évoluent. Elle ne va pas être déçue, la maman ! La cruauté est vraiment le mot parfait pour les qualifier. Malheureusement, je ne peux pas tellement vous en dire plus pour le moment parce qu'il y a quelques détails importants avant qu'il faut connaître pour comprendre l'ampleur que vont malheureusement prendre les choses.

Pour Marie, le temps passe. Déjà trois mois qu'elle vit seule, du moins sans lui. Sa maman vit toujours avec elle. Elle paraît forte comme ça mais se retrouver seule dans le canapé le soir la terrifie vraiment. Elle craint cette responsabilité : élever Gabin seule, sans personne d'autre au quotidien. Elle n'a jamais vécu seule alors devoir le faire dans ces conditions c'est plus que difficile et même impossible pour le moment. Elle passe ses journées au travail, rentre, s'occupe de Gabin comme elle peut. Elle donne peu, voir jamais le bain, elle n'arrive pas à prendre la place de Vincent. Il donnait quasiment toujours le bain, c'était leur moment à eux et Marie en profitait pour cuisiner. Les moments du bain se transformaient souvent en bataille de mousse générale et Marie se joignait à eux le temps de cet instant pour partager leurs fous rires. Depuis qu'il est parti, elle n'arrive pas ou peu à s'occuper de ce moment-là sans se mettre à pleurer et donc empêche son fils de passer un bon moment. Vous vous doutez bien qu'elle culpabilise énormément de ne pas avoir le courage de seulement donner un bain. Elle y parviendra peut-être un jour mais pour le moment c'est au-dessus de ses forces. Elle est capable d'enchaîner les journées de travail, le quotidien, les séances avec Delphine tout en continuant la gestion de la succession de Vincent, de sortir avec ses copains mais elle est incapable d'être dans cette salle de bain à jouer avec son fils. Elle trouve ça extrêmement ridicule, elle a honte de ne pas y arriver, vraiment honte. Ça n'arrange pas l'image qu'elle a de son rôle de maman, de sa vision d'elle-même. Elle ne peut pas être sur tous les fronts mais là c'est sa maman qui gère ça tous les soirs et elle se contente de cuisiner et de préparer les repas du lendemain midi. La cuisine, elle maîtrise et elle le faisait tout le temps avant. Ça la rassure d'être dans une zone de confort. Peut-être doit-elle se laisser du temps encore. Peut-être doit-elle accepter de ne pas être prête pour certaines choses même si ça implique son fils. Elle ne peut pas être parfaite, extrêmement frustrant pour cette jeune femme en quête perpétuelle de perfection.

On est en juin et Marie se sent de plus en plus fatiguée, son médecin la mise sous anxiolytique et somnifère pour mettre fin à ses insomnies. Elle ne mange pas énormément, se sent éreintée en permanence, elle est irritable et a de plus en plus de mal à tenir le rythme des postes. Elle se rend compte que de temps en temps, sa vision se double. Souvent, les week-ends où elle ne travaille pas et qu'elle relâche la pression ou quand elle fume trop. Pendant un moment, elle fait un peu l'autruche, cherchant des explications possibles même si au fond d'elle, elle sent que quelque chose dysfonctionne. Elle se dit qu'elle en fait sûrement trop, qu'elle fume trop et que les vacances d'été, en août, lui feront du bien. On est bien d'accord que le surmenage et la nicotine ne sont pas les causes de la vision double et de plus, nous sommes qu'en juin et ses vacances d'été sont encore loin. Delphine lui conseille vivement de poser une semaine de vacances en juillet avant qu'elle ne l'arrête pour de bon. Elle ira voir sa chef qui acceptera sans hésiter sa demande voyant que ce n'est pas la forme. Elle prend aussi la décision début juillet de voir son médecin traitant pour parler de cette vision double, elle finira aux urgences et ça sera le début d'un nouveau combat qu'elle devra mener seule cette fois.

Chapitre 8

Ce chapitre va être un peu particulier, un peu différent des précédents. Un chapitre de confession, une mise à nue, une révélation, vous appellerez cela comme vous voulez. Cela fait déjà quelques lignes que vous découvrez l'histoire de Marie, un vécu un peu tragique que je vous narre petit à petit. Vous découvrez son caractère, son amour pour la vie, les autres, son passé et ses nombreux combats face aux épreuves que la vie lui impose. En réalité, Marie, s'appelle Marie-Line et sûrement bon nombre d'entre vous l'ont déjà compris, mais depuis le début je fais le récit de ma propre histoire. Cachée derrière elle, j'ai réussi à me dévoiler. Marie m'a permis de poser des mots et de faire sortir mes pensées, mes sentiments et mes souvenirs les plus profonds. Elle m'a offert la chance de faire sortir mes tripes et de poser sur du papier mes faiblesses, mes émotions, mes non-dits et me mettre à nu devant vous. Sans Marie je n'aurais jamais pu écrire tout cela, je n'aurais jamais réussi à mettre de l'humour en plein milieu de l'enfer. Je n'aurais pas eu le courage de vous décrire à quel point j'étais désespérée, paumée, affaiblie, cruellement triste, pleine de rage et d'injustice. Grâce à elle, écrire est devenue une vraie thérapie, un exutoire, un défouloir et ça me fait du bien. Aujourd'hui, dans ce chapitre, on passe un réel tournant de ma vie. Vous allez voir que le pire n'est pas encore passé et pourtant j'en ai déjà bien écrit des malheurs. Mais je me sens prête, prête à dire « je », prête à vous raconter la suite des aventures de Marie-Line, en laissant Marie au chapitre précédent et en étant juste vous et moi. Parce que j'ai beau ressentir une immense colère et un profond sentiment d'inégalité, je ne peux pas nier aimer la vie. La vie c'est comme une relation amoureuse, elle se nourrit de hauts, de bas, parfois on la croque à pleines dents et quelques instants après on se rend compte que la pomme est pourrie. Alors on la jette et on en prend une autre. Oui, je lui en veux à la vie de m'avoir ôté l'amour de ma vie, la moitié de moi, le père de mon fils mais je ne peux nier que je l'aime quand même et que je dois lui pardonner pour m'apaiser, pour me permettre d'avancer, de continuer mes combats, pour en profiter le plus longtemps possible.

Au début, j'ai commencé à écrire en me disant que de vivre autant de choses en si peu de temps, c'était rare et que ça méritait d'être écrit. Mais on ne va pas se mentir, je reste une scientifique dans l'âme alors voyez-vous, les mots, je les préfère dans les équations plutôt que de les enchaîner les uns après les autres sur du papier. Pourtant, plus jeune je rêvais d'écrire un livre, pourquoi ? Je ne sais pas trop, je sais juste que j'aime énormément lire et que j'ai une profonde admiration envers tous ses auteurs qui arrivent à coucher sur du papier, des ensembles de mots qui s'accordent harmonieusement, sans répétition, sans faute, en ajoutant du suspens, des dialogues et surtout en faisant passer toutes sortes d'émotions. Je me voyais très mal parvenir à cela, mais je me suis vite prise au jeu. Ce que je peux vous dire, c'est qu'au moment où je vous écris ces lignes, je ne suis qu'à la moitié de mon livre. Les chapitres sont truffés de fautes orthographiques, grammaticales, ils ne sont sûrement pas structurés comme il le faudrait et de plus, ils ne sont pas finalisés, comme vous, lecteurs, l'attendiez. Mais je fais de mon mieux, je travaille dur pour que ces lignes ressemblent à quelque chose. Je pleure, je ris, j'ai la haine quand je vous écris. Je retranscris du mieux que je peux tout ce que je ressens, pour vous, pour moi. Un travail énormément difficile qui me demande de mettre ma pudeur de côté et d'être la plus sincère possible. Ce n'est pas toujours une partie de plaisir d'écrire, se souvenir, revivre les moments les plus durs de sa vie mais j'espère au fond de moi, être lu un jour, par des personnes inconnues. Il paraît que l'espoir fait vivre alors allons-y parce que vous allez voir que ma vie est sur le point de basculer de nouveau et pas du bon côté. Il me semble que nous nous sommes arrêtés au moment où j'étais épuisée, que je voyais double et que ça a fini aux urgences.

Alors comment j'en suis arrivée là ? Eh bien, quand je me suis retrouvée dans le cabinet de mon médecin traitant, pour ses symptômes un peu inquiétants, c'était une remplaçante que je n'avais jamais vue. Je commence à lui expliquer ce qu'il m'arrive et elle devient très alarmante d'un coup. Elle effectue des recherches sur internet et je vous avoue que ça ne me rassure pas du tout, moi qui ai une confiance aveugle en mon médecin de famille, je me dis que je n'ai vraiment pas choisi le bon moment pour venir consulter. Elle parle d'AVC, de rupture d'anévrisme, elle ne sait pas trop. Je ne comprends pas tellement ce qui m'arrive, persuadée que je suis juste épuisée. Elle me dit que je dois aller passer une IRM cérébrale en urgence, qu'elle va appeler le 15. Je refuse, je lui dis que je peux y aller seule. Elle ne veut pas que je prenne la voiture, et ce jour-là, Gabin a rendez-vous après moi. Eric l'a emmené au cabinet. Alors j'appelle ma grand-mère pour qu'elle m'emmène aux urgences et Eric va gérer la consultation pour le petit et ma mère prendra le relais le soir pendant que je poireaute pendant des plombs aux urgences. L'infirmière passe de l'autre côté.

À mon arrivée, je suis prise en charge assez rapidement, ils me font une prise de sang et me font mettre en chemise d'hôpital en plein milieu des couloirs. Merci pour l'intimité ! Le patient, complètement bourré derrière moi, a dû bien se rincer l'œil et au passage était plus que pénible avec moi, son taux d'alcool bien trop élevé. Il y a des lits plein les couloirs. Une ambiance très angoissante et glaciale. On m'annonce que j'en ai pour au moins six heures d'attentes et que ça sera un scanner cérébral dans un premier temps. Super ! Je n'ai pas beaucoup de batterie, je me fais chier, je suis seule et je ne sais pas ce que j'ai. Putain de bordel de merde, qu'est-ce qu'on va encore m'annoncer ? Je viens de quitter la blouse blanche pour une chemise d'hôpital (pas beaucoup plus sexy) et je passe mon temps à observer le travail des soignants. Bah oui nous les blouses on ne fait que ça, observer et remarquer les dysfonctionnements des services et des films médicaux. Il faut bien que je m'occupe et je ne fais pas ça pour critiquer le personnel mais bien pour me rendre compte encore une fois que le système de santé français dysfonctionne et que les professionnels et les patients en souffrent de plus en plus. Je ne suis pas là pour faire un débat politique non plus. Donc pendant que j'observais, il se trouve que je passe l'examen plutôt rapidement et une fois le scanner passé, je me dis que je vais bientôt sortir. Mon œil, j'ai passé plus de temps à attendre les résultats que de passer l'examen. Je ne suis pas très angoissée à ce moment-là, persuadée qu'il n'y a rien et que cette remplaçante s'est vraiment affolée pour rien. Je lui en veux à ce moment-là parce que j'ai perdu mon temps et que je n'ai pas de réel diagnostic. J'espère quand même que toute cette attente n'aura pas servi à rien et qu'ils vont me dire ce que j'ai. La médecin vient me voir, me dit que je peux sortir, que mon bilan sanguin est bon et que le scanner n'a rien révélé d'anormal. Elle n'explique pas mes symptômes, me demande si je veux un arrêt de travail. Je refuse, bien évidemment, vous me connaissez maintenant. Elle me dit qu'elle prépare les papiers de sortie et que je pourrais ensuite partir. Alléluia ! J'appelle mamie pour qu'elle me ramène à ma voiture et préviens ma maman que je n'ai rien et que je rentre bientôt. Bah j'ai quand même attendu, debout, pendant une heure pour deux pauvres bouts de papier. Oui, debout, ils avaient besoin de mon lit et comme j'allais bien, je pouvais bien attendre debout. Plutôt drôle quand on sait que quelques heures auparavant, ils refusaient que je me lève pour aller faire pipi seule pensant que j'avais un problème neurologique. C'était 23 h, je n'avais pas mangé et j'étais là depuis 17 h. Clairement j'étais à bout de nerfs, même pas soulagée de ne rien avoir parce que personne ne m'a dit ce que j'avais finalement. Je vois double mais ça ne dérange personne. Au fond de moi je sens que quelque chose ne tourne pas rond quand même mais s'il n'y a rien au cerveau alors c'est déjà soulageant. Je vais tenter de prendre plus de repos et de moins me jeter partout, canaliser mon énergie pour retrouver la forme. Si seulement…

Le lendemain, alors que je garde Gabin pour la journée, c'est au moment du repas que je reçois un appel d'un numéro que je ne connais pas mais qui vient de la région où je vis donc je réponds. Rebondissements, c'est le CHU, ils ont relu mon scanner et il y a bien quelque chose, qu'ils n'ont pas vu la veille. Je vous assure qu'à ce moment-là, je ne me sens pas bien du tout. Une montée d'angoisse arrive et je me demande ce qu'il va m'annoncer. Rien de méchant selon le médecin, c'est un petit kyste, situé au niveau du nerf optique, ce qui pourrait expliquer ma diplopie (vision double en terme médical). Il faut que je passe une IRM cérébrale tout de même pour en savoir un peu plus mais je ne dois pas m'inquiéter. Bah oui, pensez-vous ! Je ne dois pas m'inquiéter, hier je n'avais rien et aujourd'hui j'ai un kyste dans le cerveau. Je vais recevoir quelques jours plus tard une convocation pour une IRM cérébrale, le 02 août 2022, un mois à attendre pour savoir ce qui se cache dans mon cerveau. Qui s'est logé au sein de mes neurones sans m'en demander la permission. Heureusement que j'ai les anxiolytiques mais franchement je ne fais pas la maligne. Je fais mine de rien mais je me sens mal, j'ai un mauvais pressentiment, vous vous souvenez de ce sentiment qui m'envahissait la veille de l'accident de Vincent ? Et bien je me sens pareil. Je sens que ce n'est pas bon du tout et que je vais encore souffrir. Je vous assure que 2022 c'est pour moi une putain d'année de merde. Je suis très grossière, vous l'avez remarqué mais c'est moi ça. Je suis nature peinture, comme on dit. On ne m'a toujours pas annoncé le diagnostic que je sais déjà que ça va être pourri et les mots réconfortants de mes proches ne m'aident pas parce que j'en suis persuadée.

Tout le monde se veut rassurant, me disant qu'il y a pleins de gens qui ont des kystes partout dans le corps sans jamais le savoir et y compris dans le cerveau. Certes, mais moi j'ai des symptômes. Alors pour passer cette attente, je me mets dans une sorte de déni, à ne pas y penser et à faire comme si tout allait bien. Je me jette à corps perdu dans le travail, étonnant non ? Moi qui étais censé lever le pied. Je ne pense plus qu'à ça, en ayant l'impression que si je travaille c'est que ça va. Le travail c'est la santé ! Je sens bien que pendant ce mois de juillet, je m'épuise complètement, je suis au bout du rouleau, j'en peux plus et clairement je ne comprends pas ce qui m'épuise autant. J'ai ma petite idée mais je me refuse de penser que ce kyste n'est autre qu'un kyste tout bénin et tout mignon.

Nous sommes le 2 août et c'est le moment de passer mon IRM cérébrale, j'ai refusé que l'on m'accompagne mais Eric est venu quand même, ne pouvant pas me laisser seule. Je suis très angoissée, mes mains sont moites, je tremble de l'intérieur, j'ai froid et je m'impatiente. Le pire dans tout ça, c'est que quand on passe un examen on n'a jamais les résultats justes après donc pourquoi je me mets dans un tel état maintenant ? Ça ne sert strictement à rien mais je suis incapable de me contrôler à ce moment-là. L'anxiolytique du matin n'a pas du tout eu l'effet escompté. Je passe l'examen et au moment où j'allais partir, une interne se présente à moi et me demande de la suivre pour les résultats. Oh putain ça pue ! Pourquoi elle veut me voir si rapidement ? Qu'est-ce qu'elle va m'annoncer ? On prend l'ascenseur pour rejoindre son bureau, elle nous dit que je suis vu tout de suite parce que l'IRM a été demandée par les urgences mais qu'elle n'a pas encore pris connaissance des résultats. Je peux respirer de nouveau, à ce moment-là, je dois être toute bleue tellement je ne respirais plus. Elle ne sait rien du tout donc la théorie d'un kyste tout bénin et tout mignon est toujours possible. De plus, j'avais arrêté de fumer, j'étais à la cigarette électronique et la diplopie avait disparu. Donc je me calme, m'assois à son bureau et scrute les images qui apparaissent attendant qu'elle fasse ses conclusions. Elle finit par dire qu'il y a bien kyste au niveau du nerf optique, qu'il est bénin et qu'il n'y a pas de traitement pour cela. Elle me conseille simplement de voir un ophtalmologue pour contrôler ma vue et termine en disant que je peux tout à fait vivre avec ceci dans la tête, sans avoir de problème. Oh merci mon dieu ! Je n'ai rien, juste un petit kyste bénin et tout mignon. En sortant, du CHU, je respire, je souris, je suis heureuse d'être en vie pour la première fois depuis si longtemps. J'ai vraiment eu la trouille d'avoir quelque chose de grave et vraiment ce n'est pas le moment-là. Déjà je suis en vacances le vendredi 5 août pour trois semaines donc hors de question d'être malade, puis j'en chie assez comme ça depuis tout ce temps pour mériter en plus d'être malade. Donc oui, je suis heureuse et soulagée de pouvoir retourner travailler en toute tranquillité. Je peux vous dire que ça va être de courte durée ce sentiment de bien-être que j'ai pu partager avec Éric, c'était bien qu'il soit là finalement.

À peine revenue au travail, j'annonce la bonne nouvelle à mes collègues, je transmets mon soulagement avec mon sourire quotidien et je me remets au travail. Ce sont quelques minutes plus tard, et je dis bien minutes, que je reçois un SMS du CHU me convoquant le vendredi 5 août avec un neurochirurgien. Ouh là là ! J'aurais eu le droit à deux heures de répits, deux heures où je me sentais vivante et sereine. Là l'angoisse reprend le dessus et c'est plus fort que moi, j'ai quelque chose de grave là c'est sûr et je commence d'en avoir marre qu'on me balade. Un coup je n'ai rien, après en fait si mais ce n'est pas grave mais je vais quand même voir un neurochirurgien. Je suis dubitative, avoir un rendez-vous avec neurochirurgien aussi rapidement c'est forcément qu'il y a urgence. Puis si on avait voulu me confirmer le compte-rendu de l'interne, j'aurais eu une consultation avec un neurologue et pas en trois jours. Je suis dans un grand huit infini, des hauts, des bas, des hauts, des bas. J'ai la nausée et je suis à bout moralement de tout ça. De tenter de rester debout alors qu'on m'enfonce dans la terre avec un marteau petit à petit.

Je vous assure la descente aux enfers, cette attente, tout le monde est très bienveillant avec moi et ne fait que me rassurer mais moi là je veux juste être lucide et arrêter de me voiler la face. Je ne veux pas tomber des nues au moment de la consultation. Je ne m'étais pas préparée à tout ça. Je vous assure que même lucide et prête à tout entendre, bah je ne l'étais pas. Ma maman m'accompagne ce jour-là, elle veut être là, pour me soutenir s'il y a besoin et je pense entendre par elle-même tout ce qui va se dire en cas de tsunami.

Le Dr CUSHING [1] (c'est comme ça qu'on appellera mon neurochirurgien) me reçoit dans son bureau, acceptant volontiers ma mère et en nous disant qu'on avait beaucoup de choses à se dire. Ça ne sent pas bon, je vous le dis. Il faut quand même que je vous dise, qu'il est très agréable, très humain, il prend son temps pour parler et

---

[1] Dr William Harvey Cushing : neurochirurgien américain, pionnier de la chirurgie du cerveau du XXe siècle. Il est considéré comme le père de la neurochirurgie moderne.

expliquer avec des termes appropriés et très clairs. Ça vous semble peut-être ridicule mais pour moi ça ne l'est pas, parce que je lui fais confiance de suite et ça m'apaise un petit peu. Bon juste un peu parce qu'après m'avoir demandé tous mes symptômes, donc seulement la fatigue puisque depuis l'arrêt de la cigarette, je vois de nouveau normalement, il m'annonce que mon kyste est en fait une tumeur et qu'au vu de sa réaction au produit de contraste lors de l'IRM, elle est cancéreuse. Il enchaîne, m'expliquant qu'elle n'est pas opérable, car complètement prise dans le tronc cérébral et que ce dernier ne s'opère pas. Voyez-vous, le tronc cérébral c'est un peu le cerveau du cerveau, tous les nerfs passent par-là, c'est très irrigué donc autant vous dire que s'il m'opère j'ai quasi 100 % de risques de mourir. Il explique ensuite qu'il va falloir faire une biopsie rapidement pour connaître le stade tumoral. Donc plus on monte dans les chiffres plus la tumeur est agressive et il y a quatre stades. Au vu des images, pour lui je suis entre un stade 2 et un stade 3. Mais il faut faire cette biopsie pour adopter le meilleur des traitements derrière, qu'il n'y a pas d'autres choix que d'en passer par là. Quel enfer ! Je suis où ? C'est un cauchemar ? Je vais me réveiller ? Non, non, je suis bien dans un sacré pétrin encore. Je lui répète que ce n'est pas possible, je ne peux pas mourir, mon fils ne peut pas être orphelin, il va construire sa vie comment sans parent ? Puis j'ai promis à Vincent de veiller sur lui, de l'aimer, de l'épauler, le soutenir, l'encourager, l'accompagner dans ses choix et de l'éduquer toute sa vie. Je n'ai pas promis ça pour deux ans, moi. Il ne me donne pas d'espérance de vie, m'expliquant qu'il existe plein de traitements, que la biopsie n'est pas encore faite mais que oui je peux en mourir. Il m'explique ensuite le dérouler de l'opération et de comment ça se passera ensuite. Avant que nous repartions, il me dit qu'il a souhaitait me voir avant que le staff ne se réunisse et qu'il souhaitait me rencontrer avant de présenter mon dossier. Plutôt professionnel et rassurant. Il doit me rappeler le soir même pour m'informer de ce qu'ils auront décidé en staff et ensuite on verra. Il me demande ma carte vitale parce que je dois passer en ALD 100 %, comme la plupart de mes résidents. C'en est trop pour moi, je quitte son bureau, laissant ma mère avec le docteur et moi appelant Eric pour lui annoncer. Je ne sais pas comment lui annoncer ça. Vous auriez fait comment vous ?

— Hey, Eric, ça va ? Bah mon kyste tout bénin et tout mignon il est peut-être bien un peu cancéreux !

C'est quand j'entends sa voix que je m'effondre, lui disant que je ne sais pas comment lui dire. Il tente de me rassurer, ayant déjà compris ce que j'allais lui annoncer. Je lui dis à peu près tout, puis on finit par raccrocher tellement je pleure. J'aimerais qu'il soit là, à ce moment-là où me blottir dans les bras de ma maman, toujours dans le bureau du Dr CUSHING. On quitte le service, abasourdies par l'annonce. J'avais convenu avec Delphine que si le résultat n'était pas bon, je m'arrêterais à son bureau pour évacuer avec elle. Alors c'est ce qu'on a fait, moi dans le bureau de Delphine et ma maman prise en charge par la secrétaire hyper attentionnée. On sort ensuite sur le parvis de l'hôpital, ma maman se propose de prévenir ma sœur et ma grand-mère. J'acquiesce n'ayant pas la force de le faire. Je dois retourner au travail, pour annoncer la mauvaise nouvelle et partir plus tôt que prévu. C'est tellement le choc que je ne peux pas travailler c'est impossible. Le ciel vient de me tomber une nouvelle fois sur la tête en cinq mois. En plus, je ne sais pas si vous avez remarqué mais j'apprends ça un 5, est-ce un signe de la vie ? De Vincent ? Est-ce que je dois voir un message là-dedans ? Ou juste le sort qui s'acharne ? Je ne vous cache pas que ce jour-là c'est de l'acharnement que je ressens, une putain d'injustice, on s'acharne sur moi, sur mon fils, sur mes proches mais pourquoi ? Je vais vite changer d'avis concernant la date mais vous le saurez plus tard quand j'aurai fait mon petit bonhomme de chemin.

Il faut aussi que j'en parle à Gabin, il doit comprendre pourquoi maman s'absentera et pourquoi elle n'ira plus au travail pendant quelque temps. Je lui dirai que j'ai très mal au bras, que je suis très fatiguée et que les médecins vont guérir les bobos de maman. Ce à quoi il répondra, main sur mon épaule : « ça va aller », suivi d'un « je t'aime » et d'un énorme câlin à seulement deux ans et demi. J'ai tellement de chance de l'avoir auprès de moi, sa main dans la mienne au quotidien.

Bref, je retourne donc au boulot, annonçant encore une mauvaise nouvelle. Les collègues pleurent et c'est vraiment un moment désagréable. Je fais mes affaires et je pars en « vacances ». On est vendredi donc, Eric ne travaille pas cette après-midi, je lui demande si je peux passer, l'envie de le voir devient une nécessité, un besoin, une priorité. Bien évidemment qu'il répond oui et je passerais quelques heures avec lui et Isa, sa femme, pour me plaindre de ma putain de vie de merde, de ma peur de mourir et du fait que je ne veux pas me faire opérer parce qu'il y a trop de risques et que je dois partir dimanche en vacances chez ma sœur dans le Sud et que ce n'est pas le moment. J'ai la trouille, si vous saviez. On boit des cafés, je vapote et je demande à Eric qu'il m'aide à trouver un prénom pour cette tumeur. Parce que glioblastome, ce n'est franchement pas beau comme nom. Puis si je dois me battre contre une tumeur, autant l'apprivoiser un peu. Vous n'êtes pas d'accord ? Ce truc est venu squatter mon cerveau sans se présenter donc je ne vois pas pourquoi il n'aurait pas un petit nom. Je vais l'amadouer pour mieux pouvoir le dégager de ma tête. Après quelques propositions on tombe d'accord. Il fallait le prénom d'une personne qui a marqué des générations entières de par sa méchanceté mais une personne qui a échoué. Je vous présente donc Adolphe. Adolphe, tumeur cérébrale maligne de 3,5 cm par 5 cm. C'est tout ce que nous savons pour l'instant. Après avoir bien discuté, on a fini par réussir à rire un peu et je dois rentrer chez moi pour préparer le repas de ce soir.

Bah oui ! Étant soulagée de savoir le 02 que je n'avais rien, j'avais invité Eric, Isa, Manon et Anthony pour une soirée pizza, histoire de fêter mes vacances et celles de ma mère. Tout le monde pensait que j'allais annuler mais non ! Pour le moment je vais bien donc on ne change pas les plans, on va se faire cette soirée pizza maison et tenter de passer un bon moment et que chacun se remette de ses émotions. Adolphe a bien foutu le bazar en même temps ! On avait vachement besoin de lui tiens ! Tout le monde me demanda à peu près douze mille fois si je suis sûre de vouloir recevoir et de cuisiner. Ma réponse sera douze mille fois oui. Parce que si je dois me faire opérer dans les jours qui viennent autant en profiter tant qu'on le peut encore. Puis bon elles n'ont rien demandé les pizzas, on ne va pas les laisser toutes seules dans le frigo. En même temps ça va changer quoi d'annuler ? Chacun sera chez lui à pleurer et se morfondre… Alors, autant être tous ensemble. Gaëlle, Louis (son compagnon) et Quentin se joindront à nous, abasourdis eux aussi par l'annonce et ayant besoin que l'on se retrouve.

C'est à 19 h que mon portable sonne, numéro inconnu. Sûrement le docteur CUSHING, je réponds, bingo ! On prend une grande inspiration et on écoute. Ils se sont tous concertés, ont pesé le pour et le contre. Au vu des risques que représentent la biopsie et le fait que je sois asymptomatique, ils préfèrent que nous attendions deux mois, pour voir l'évolution d'Adolphe. Donc pas d'arrêt de travail, pas d'opération, pas d'ALD pour le moment. Rendez-vous fin septembre pour une IRM de contrôle et pour voir ce qu'on fait. La possibilité qu'Adolphe reste comme ça, sans évoluer, est possible. Il y a donc de l'espoir. Je dois tout de même me présenter aux urgences au moindre symptôme. Nous terminons la conversation, en nous souhaitant bonnes vacances. Lui aussi en congé ce même jour.

Le sourire réapparaît petit à petit sur mon visage, ce n'est peut-être pas si grave que cela. Je vais me reposer pendant mes vacances, essayer de lever le pied lorsque je reprendrais le travail, fin août. On est tous sur la terrasse, on peut respirer un peu mieux. On boit l'apéro, on rit, on se détend. Je ne regrette pas d'avoir maintenu la soirée. C'est une vraie bouffée d'air frais après une journée aussi étouffante. Reconnaissez quand même que je les enchaîne. Je vous assure que je suis fatiguée d'être Marie-Line, et en plus maintenant je dois cohabiter avec Adolphe. Il ne me lâche pas, il est présent du matin au soir, il est hyper envahissant, un vrai pot de colle. Je le déteste presque autant que ma belle-mère. Mais je dois me ressaisir, je suis en vacances et on part dimanche avec ma maman et Gabin chez ma sœur. Plutôt bon timing pour se ressourcer et se reposer. Ou pas…

Chapitre 9

Bon vous l'avez compris Adolphe la méchante tumeur est en train d'envahir mon cerveau, les pronostics sont mauvais mais je me lance dans une guerre sans merci. Je ne laisserais aucune place à Adolphe même si j'ai le cœur sur la main, qu'on est en plein hiver et que dehors il fait froid. Il a déjà gagné plusieurs batailles mais maintenant c'est moi qui vais mener la danse et reprendre le contrôle. Non mais ! C'est mon corps, pas le sien qu'il aille ailleurs celui-là. Dans ce chapitre je vais un peu vous raconter mon parcours face au cancer en essayant de ne pas être trop dramatique parce qu'il y en a un peu marre de pleurer et que vous allez vite comprendre dans quel état d'esprit je suis face à lui. J'ai l'impression d'être dans un combat à qui fermera les yeux en premier » et je peux vous assurer que je le regarde bien en face et que je ne céderai pas.

Lorsque j'ai su que j'avais une tumeur à un stade élevé et qu'il allait falloir se battre pour vivre le plus longtemps possible. J'ai filé chez Eric et j'ai pleuré. Mais j'étais surtout obnubilée à l'idée de lui donner un nom. Beaucoup de personnes se seraient réfugiées dans leur lit en déversant un torrent de larmes, d'autres auraient squatté un bar pendant des heures en sortant ivre mort et en ayant oublié quelques instants, d'autres auraient fait comme si de rien n'était. Moi j'ai décidé de lui donner un nom (je ne suis sûrement pas la seule à le faire). Il le fallait, pour entrer en guerre, il faut connaître son ennemi. Alors on a passé l'après-midi avec Eric à chercher un prénom qui ait du sens. Alors on souhaite la bienvenue à ADOLPHE.

Je ne vais pas vous cacher que la fin d'année 2022 a été très longue et très dure. J'ai été arrêtée 5 mois. De fin septembre à fin février. Pour une acharnée du travail, je peux vous dire que ça m'a paru une éternité. Oui je suis souffrante d'un cancer et je pense au travail et je peux même vous dire que je culpabilisais d'être en arrêt maladie. Mais ce n'est pas vraiment le débat tout de suite.

Ma première bataille a été la biopsie ! Un des grands moments de ma vie. Oui, je n'ai pas peur de vous dire que je l'ai plutôt bien vécue. Pour remettre un peu les choses dans leur contexte et que l'on sache un peu de quoi on parle, je vais vous décrire en quelques mots comment se déroule un tel acte. Alors il faut savoir que ça dure environ 3 heures, que vous êtes réveillés, qu'ils vous posent deux casques en métal lourd sur votre crâne fixé avec des vis, qu'ils ouvrent votre cerveau avec une perceuse et qu'ils s'introduisent dans votre crâne avec une immense aiguille pour aller prélever plusieurs morceaux de votre tumeur, qu'ils enverront ensuite pour analyses. Voilà en gros comment se déroule une biopsie du cerveau. Je vais maintenant vous raconter comment j'ai vécu cette expérience hors du commun et je peux vous assurer que c'était unique. Faut tout de même savoir qu'il y a un risque de décéder sur la table ou d'avoir de grosses séquelles. On n'est pas sur un parcours de santé à se balader en regardant les autres courir tout en se demandant à quoi cela sert ou en caressant tous les chiens qui croisent votre route.

17 octobre 2022, 8 h 30, je suis sur le parvis l'hôpital et je fume ma cigarette, la dernière avant plusieurs jours. Je suis un peu angoissée mais je pense que je l'étais plus le jour des résultats du baccalauréat. Je dois passer au bloc à 12 h 30, je prends ma douche et je pue la Bétadine, horrible. J'attends patiemment que les aiguilles de l'horloge tournent avec ma maman et Eric à mes côtés. Ils sont vraiment beaucoup plus angoissés que moi. Je reçois énormément de messages de soutien et je fais des blagues dans la chambre pour détendre l'atmosphère. Je crois que ça fonctionne un petit peu. Je perdrais

patience quand je verrais qu'ils ont plus de 2 h de retard et je m'agacerais toute seule dans ce lit alors que le Dr CUSHING était parfaitement à l'heure, ils s'étaient juste plantés dans ma convocation. Les joies de l'hôpital me diriez-vous mais ça avait réussi à faire monter mon stress. Qui redescendra automatiquement à la seconde où les brancardiers viendront me chercher. Je ne suis pas dans un bloc mais plutôt comme dans une salle d'examen et en rentrant il fait vraiment froid mais je ne dis rien parce que je trouve ça inutile. Je ne vais pas me plaindre de la température alors que l'on va m'ouvrir le cerveau. L'infirmier de bloc qui va rester avec moi tout au long de l'opération me propose un drap chaud, quelle douce sensation réconfortante ! Cet infirmier ressemble étrangement au chanteur du groupe KYO, je suis une grande fan de ce groupe, je connais leur chanson par cœur. Là aussi c'est réconfortant, il est hyper sympa, il est drôle et il connaît bien mon neurochirurgien. Tout le monde rigole et il y a une atmosphère plutôt très sereine dans cette salle contrairement à celle qui doit régner dans ma chambre. Ma mère sûrement terrorisée à l'idée de perdre un deuxième enfant et Eric en plein deuil de son fils ayant la trouille de me perdre aussi. Mais je me concentre sur mon opération et sur moi pour une fois. Je ne dois pas mourir aujourd'hui, mon fils a besoin de moi alors non je ne veux pas savoir aujourd'hui, à quoi ressemble l'au-delà.

Je passe un bon moment pour l'instant donc on continue comme cela. Le docteur commence alors par me faire un shampoing à la Bétadine. Ça pue toujours autant mais il me fait une natte pour qu'ils se tiennent bien, j'ai l'impression d'être chez le coiffeur tellement il est doux dans ces gestes. Quand je vous dis que j'ai passé un bon moment. Il m'anesthésie ensuite localement quatre points sur mon crâne en m'expliquant que ça sera à cet endroit que les quatre vices du casque seront fixé. Les injections sont légèrement douloureuses mais la douleur passe vite puisque tout s'endort au fur et à mesure. Ensuite vient la pose du casque, c'est très lourd et j'ai l'impression d'être un meuble qu'on est en train de monter. Évidemment, je leur dis tout ce que je ressens, comme ça tout le monde rigole un bon coup. C'est l'heure de passer au scanner pour qu'il ait une image en direct live de mon cerveau et qu'ils puissent faire ses calculs. Le chirurgien et l'infirmier veulent m'aider à m'installer sur la table du scanner. Je me mets à rire en disant que je suis encore capable de changer de lit. Ils se sont regardés et ont souri en me laissant faire. Je n'avais pas pensé que j'avais trois tonnes de métal sur le crâne, qui plus est que la moitié était endormie ainsi que tout mon côté gauche (oui à ce moment-là, j'étais presque paralysé de tout mon côté gauche). Bien évidemment, je n'ai pas pu faire le transfert seule et encore une fois nous avons rigolé. De retour dans cette salle froide, le Dr CUSHING fera ses calculs de trajectoire pendant 45 minutes, pendant que l'infirmier me remet un drap chaud et qu'il papote avec moi. Pendant qu'on parle et qu'on déconne, il y a quand même deux choses qui me font extrêmement chier. Je suis vulgaire mais ça fait partie des trois choses qui m'auront le plus marquée durant cette opération. J'avais très envie de faire pipi, oui c'est hyper désagréable d'avoir cette envie d'uriner et de devoir se retenir sans bouger, surtout quand on a froid ! Il y avait surtout ce satané néon juste au-dessus de moi qui ne faisait que d'éblouir. Quel enfer ! Mais je reste MOI, Marie-Line, avec mon sourire et mon humour et je fais en sorte d'être la meilleure patiente possible.

Vient ensuite le moment d'attaquer la partie la plus sensible, il me pose une espèce de rapporteur en plus sur le casque, fait les réglages en fonction de ses calculs et me fait mettre sur le côté gauche. À partir de cet instant, je n'avais plus le droit de bouger. L'impression d'être dans une partie de « un, deux, trois soleils ». Je déteste perdre, alors c'est parti, je fixe le tableau où sont écrits les calculs pour ma biopsie, je me tiens à la barrière et je ne bougerais plus pendant 30 min. Il me rase légèrement le cuir chevelu, ouvre et ensuite il vient percer ma boîte crânienne. À ce moment-là, j'ai vraiment l'impression qu'on me change une roue. Évidemment je fais part de mon ressenti, je fais rire tout le personnel du bloc mais ne voulant pas perdre la partie de, un, deux, trois soleils, je reste stoïque.

C'est le moment de faire les prélèvements, si je suis réveillée, c'est justement pour dire au neurochirurgien tout ce que je ressens pour éviter les catastrophes et voir s'il peut atteindre le gros méchant Adolphe sans me paralyser ou me tuer. Bon si je viens à mourir, on est bien d'accord que ce n'est pas moi qui vais le prévenir. Mais je ne vais pas mourir, je le sais et je le sens. Si je suis si sereine, c'est que tout va bien se passer. Il insère la première aiguille et je ne sais pas si je vais réussir à vous décrire la douleur que j'ai ressentie. Mon accouchement, ce n'était rien à côté. Je ne pouvais pas bouger et une immense chaleur s'est installé dans tous le côté droit de ma tête. J'ai cru que j'étais en feu, je souffrais tellement et j'avais tellement peur de bouger que j'ai serré fort la barrière, des larmes s'échappaient de mes yeux et une voix tout éraillée et très douce est sortie de ma bouche en disant au chirurgien « j'ai mal ». Il a retiré l'aiguille instantanément et la douleur est partie de suite. Quel soulagement, il a réussi à faire le prélèvement et aimerait recommencer. Je dis oui tout de suite, tant pis si j'ai mal mais il faut le faire. Un deuxième prélèvement, douloureux mais moins intense. Un troisième prélèvement sans douleur et il en fera un quatrième sans que je le sache. Il ferme l'incision en un seul point. Tout en faisant de la couture sur mon cuir chevelu, il m'a dit qu'on était passé pas loin de la catastrophe mais qu'il avait pris des risques me sentant confiante. Je suis soulagée que tout soit fini et que tout aille bien.

Mais enfin que m'est-il passé par la tête ? On est dans la vie de Marie-Line là, tout ne se passe jamais parfaitement, il y a toujours un « mais », un « oups », un « oh putain », un « eh merde » et j'en passe. Le long fleuve tranquille n'existe pas chez moi, on est plutôt sur une mer bien agitée dans tout ce que j'entreprends. Donc non tout ne se finit pas bien par ce qu'au moment où je me remets sur le dos, le sourire aux lèvres d'être toujours en vie et sans complication, je me rends compte que je ne sens plus du tout mon côté gauche. Aucune sensation, je ne peux rien faire, je n'arrive plus à rien faire et je fonds en larmes… ce n'est pas possible, j'étais persuadée que tout allait bien et voilà maintenant que Gabin a une maman handicapée en plus de ne plus avoir de papa. Mais bon, mon cœur bat toujours… je suis en vie. Mon visage passe de blanc à blanc clair, mon sourire s'inverse doucement et mes yeux fixent ce néon qui m'a tant éblouie pendant 3 heures. C'est à ce moment-là que le Dr CUSHING me voit me décomposer, devenir quelqu'un d'autre et me demande ce qui se passe. Il se met à sourire en me disant que c'est une complication de l'opération et que dans trente minutes après une perfusion de cortisone, les sensations réapparaîtront petit à petit. Il me demande de retrouver le sourire et de rester MOI, une de ses meilleures patientes. Je souris de nouveau, le regardant reconnaissante, même si je ne vois qu'un énorme rond jaune à la place de son visage à cause du néon.

Avant de retourner en chambre, je lui demande si je peux rencontrer Adolphe. J'en ai besoin, je veux voir le squatteur de cerveau. Il sourit et me dit que « oui ». Je rencontre donc mon ennemi numéro 1 ou peut-être le 2, ma belle-mère en pole position sûrement. On en reparlera peut-être. Il est si ridicule Adolphe, vous l'auriez vu, flottant dans ce liquide couleur pipi. Si petit, l'air inoffensif. Presque attendrissant, d'une couleur rose pâle et qui semble perdu dans ce bocal. Mais bon, bien fait pour lui ! Première bataille de gagnée et sûrement pas la dernière. J'espère qu'il est prêt parce que la guerre ne fait que commencer.

Je remonte dans ma chambre, je reçois beaucoup de visites, tout le monde est soulagé, moi la première. Même si une fois tout le monde parti, seule dans mon lit d'hôpital, je pleure. De joie d'être encore en vie, de tristesse parce que mon fils me manque terriblement, de peur parce que ce n'est que le début du combat mais aussi parce qu'il est impossible de dormir à l'hôpital et qu'il n'y a vraiment rien à télévision à 1 h du matin. Le temps est très long mais j'attends patiemment le petit déjeuner, l'impression le temps d'un instant d'être à l'hôtel.

Voilà, je vous ai raconté ma première victoire et je ne trouve pas la suite très intéressante, plutôt fatigante et très monotone. J'ai l'impression d'avoir passé les mêmes journées du mois de novembre et de décembre. 10 heures : comprimés antinauséeux. 16 h 30 : comprimés de chimiothérapie. 17 h : séance de radiothérapie. 19 h : comprimés antinauséeux. On recommence encore et encore. Je mange peu, je perds du poids, je perds mes cheveux (par chance pas tous et personne ne se rend compte de cette perte, à part moi). Je perds aussi mon énergie, je suis à plat et j'ai la nausée. J'ai parfois très mal au ventre, des sensations de fièvre, je fais des malaises MAIS ! Les bilans sanguins sont bons à chaque fois malgré que le Covid soit passé par là. Je me bats de la façon la plus platonique qu'il soit. Je supporte les traitements et pour cela je me fais aider. Je me fais charmer après chaque séance de radiothérapie et je fais des séances de reiki de temps en temps pour me soulager et redispatcher mon énergie au bon endroit.

Je ne crois pas du tout à toutes ses médecines alternatives mais ça, c'était avant ! Je me suis laissé aller, j'ai décidé de lâcher prise sur mes croyances et de laisser ces personnes tenter de me faire du bien. Ça a marché, j'ai été peu malade contrairement à tout ce qu'on peut entendre ou voir sur les traitements du cancer. Un sujet assez sensible, vous ne trouvez pas ?

Le mot cancer est terrifiant, on a tous peur consciemment ou inconsciemment que ça nous tombe dessus. On connaît tous quelqu'un atteint de cette merde. On connaît tous plus ou moins ce qui va nous arriver. Chimiothérapie, perfusion, IRM, opération, bilan sanguin, consultation avec le cancérologue, hospitalisation, et j'en passe. Alors quand on a une petite douleur et qu'on doit passer un examen, on a la trouille. En attendant les résultats, on a les mains moites, le cœur qui s'emballe et doctissimo qui confirme nos craintes. Alors je crois qu'on devrait parler un peu plus des médecines douces, valoriser et mettre en avant toutes ses personnes qui maîtrisent des pratiques non médicales pour soulager les autres. On y croit ou pas mais j'ai appris grâce à cette guerre que celui qui veut, peut et y arrive. Que celui qui prend des risques ne perd jamais rien et surtout que si on ne risque rien on ne gagne jamais. Qu'avoir mal est inévitable mais que souffrir est une option. Alors je me suis fait aider pour souffrir le moins possible.

Au décès de Vincent, je me suis dit « plus jamais tu n'auras à vivre une telle douleur dans ta vie », « plus jamais tu ne tomberas aussi bas » et « tout ce qui pourra t'arriver te glissera dessus et te paraîtra anodin parce qu'on ne peut pas vivre cela deux fois dans sa vie. » FAUX, j'ai vite compris grâce à Adolphe que « le plus jamais » n'arrive jamais et que « le pour toujours » à une fin. Que l'amour arrive par surprise mais qu'il peut mourir en une nuit. Tout est éphémère, la vie est éphémère, nous ne sommes pas indispensables et nous traverserons tous des tsunamis et nous ne saurons pas tous faire face aux vagues de la même façon. Mais nous n'avons pas d'autres choix que de les affronter parce que nous sommes des êtres humains et que le cerveau est doté de nombreuses capacités pour survivre. Qu'on le veuille ou non !

Tout cela pour vous dire que l'annonce de mon cancer, cinq mois après le décès de l'amour de ma vie, a été un véritable coup de massue. J'ai été anéantie encore une fois parce que le sort s'acharne. La vie continue de me mettre à l'épreuve, elle tente de me faire tomber encore une fois mais je me rattrape au vol et je me bats encore, encore et encore.

Chapitre 10

Un combat sans nom, des batailles acharnées, des larmes, de la peur, une fatigue extrême, des milliers de comprimés ; jusqu'à 20 par jour, des séances de rayons, de kinés, des examens médicaux, des prises de sang, des consultations, des arrêts maladie.

Je vous présente mon quotidien depuis un an. Je vis avec une bombe à retardement dans le crâne depuis tout ce temps. C'est passé si vite… et en même temps je rêve que cela cesse. J'y pense tous les jours, le mot « rémission » est devenu un rêve. Des rêves j'en ai plus, je n'arrive plus à me projeter dans un futur idyllique, construit de voyage, de sortie en famille, de richesse ou tout autre rêve que nous avons tous. Mon rêve c'est de guérir, retrouver mon corps et démarrer une nouvelle vie avec mon fils, remplie de devoir, de crises d'adolescence, de nuit blanche, de cinéma, de restaurant et de rires, beaucoup de rires. Cela vous semble sûrement basique, voire ennuyant mais je peux vous dire que pour moi c'est aujourd'hui ma définition du bonheur. Aller au restaurant sans que l'on coupe ma viande est devenu un rêve. Retrouver toutes les sensations de mon corps est une idée à laquelle je pense tous les jours. Ne plus conduire, ne pas réussir à mettre le dentifrice sur ma brosse à dents, mettre cinq minutes pour boutonner son jean, ne plus se coiffer parce que faire une natte à une main ce n'est pas possible, mettre une demi-heure à enfiler des boucles d'oreilles, tout ce temps parfois perdu puisque je me résous abandonner par la douleur extrême ou le refus de mon côté gauche de fonctionner. Tout ça me touche, me handicap, m'épuise, me démoralise mais ce qui me touche le plus c'est de ne plus me sentir maman. J'ai l'impression d'être une moitié de maman, je ne peux plus faire à manger, je ne peux plus le doucher, je ne peux plus l'habiller, le porter est une épreuve, je ne peux plus l'emmener à l'école. J'ai l'impression d'avoir le titre de maman mais plus le rôle. Ma maman, sa manou, est revenue vivre avec nous pour m'aider, pour qu'il soit en sécurité et qu'il ne manque de rien mais mon handicap cause obligatoirement des manques pour moi et pour lui.

J'ai l'impression d'avoir fait un bon dans le temps d'un an en arrière. 525 960 minutes à « rester debout » pour faire une chute libre en une fraction de seconde. Après mes rayons j'allais mieux, j'avais retrouvé toutes mes facultés physiques et j'ai repris le travail et je ne vais pas vous mentir, j'ai eu l'impression de reprendre un semblant de vie. Revoir mes amis, m'occuper seule de mon fils, travailler, déménager jusqu'à fréquenter un homme. Je me sentais fatiguée parce que ma charge mentale est passée de cinq mois d'arrêt à me focaliser sur la guérison à boulot, maman solo, maladie, tout gérer seule le plus possible.

Mon corps a lâché et je me retrouve de nouveau au point de départ. Enfin, presque ! J'ai compris beaucoup de choses depuis l'accident, tout n'arrive pas par hasard. Il faut tirer des leçons de chaque épreuve aussi dure soit-elle et plus on le fait tôt, plus on avance et plus vouloir « rester debout » est une évidence.

J'ai compris, en perdant Vincent, que rien n'était acquis et que la vie idyllique que je vivais n'existe finalement pas et ne pourra se réaliser. J'ai compris que je n'étais pas qu'une maman, qu'une compagne et qu'une infirmière mais aussi une femme que j'ai trop longtemps rangée dans un tiroir pour me dévouer à ma famille étant rongée par la culpabilité de mes absences dues à mon métier. Je ne vivais que pour eux et je ne m'accordais rien parce que j'étais heureuse comme cela. Mais je ne dois pas appartenir à un homme, je dois vivre pour moi aux côtés de quelqu'un ou pas. C'est mon désir, mon souhait, mon envie. Je choisis ce qui est bon pour moi.

J'ai aussi compris à la découverte d'Adolphe, que je ne voulais pas mourir. Face à cette guerre acharnée, je repousse mes limites et ma rage de vaincre cette maladie grandit en moi de jour en jour. Je me suis découvert une force intérieure jusque-là endormie. Mais elle est là, je veux battre Adolphe, je veux gagner et j'y arriverais. À n'importe quel prix.

Alors, après des mois d'impression de trêve dans cette maladie, j'ai chuté. Mon corps m'a lâché une nouvelle fois. Une énième descente aux enfers, une perte de contrôle, tout m'échappe et je ne sais quoi faire. Pleurer des morceaux de vie, se retrouver nez à nez avec la mort une nouvelle fois, la peur et l'angoisse qui m'envahissent de nouveau. Ma combativité, mon sourire s'efface et je suis de nouveau cloîtrée chez moi, seule avec Adolphe qui m'obsède. Le soleil s'efface laissant place à un brouillard si épais que la lumière ne passe plus et je me retrouve dans l'obscurité sans bougie pour m'éclairer. Que faire face à toute cette détresse ? Comment trouver la solution pour que le vent chasse les nuages et laisse place aux rayons du soleil de nouveau ? Il m'aura fallu quelques jours de désespoir et de rencontrer des personnes d'une aide précieuse pour me reposer la question : pourquoi tu es tombée ? Cherche pourquoi tu en es là et tu trouveras la force quelque part de re vivre. Je ne peux pas laisser Adolphe gagner, alors il a pris le dessus mais c'est mon corps, mon âme et je dois décider de me relever et de reprendre le contrôle. Alors j'ai réfléchi, j'ai pensé à ces derniers mois et j'ai compris énormément sur moi. Une nouvelle découverte, je suis presque reconnaissante de tout cela. Toutes ces épreuves me font grandir, évoluer et j'apprends à devenir celle que je dois être.

Dès que j'eus terminé la radiothérapie, je n'avais plus de symptômes, j'étais de nouveau connectée à mon corps. Alors j'ai déménagé à Clermont-Ferrand, j'ai repris le travail, je vivais seule avec mon fils, je sortais, j'ai aidé ma sœur pour la préparation de son mariage, j'ai travaillé dur pour monter en compétences dans mon métier. Je n'avais plus une minute à moi et j'avais l'impression de revivre et de respirer. J'étais si bien mais qu'est-ce que j'ai oublié ? MOI. Je ne me suis pas écoutée, j'ai foncé tête baissée et je me suis perdue, je me suis abandonnée encore une fois. J'ai dû faire piquer

Bagheera cet été, notre chat, un autre membre de notre famille, qui nous laisse continuer notre chemin de vie sans elle. Une tumeur vertébrale, rien à faire. Enfoiré de putain de cancer de merde ! Je ne suis plus qu'avec Gabin, notre foyer à 4, n'est plus que deux et des centaines de photos. J'ai dû faire face à la tristesse et aux questions de Gabin au même titre que moi. Cela fait beaucoup pour un petit bout de seulement 36 mois.

« Bagheera avait trop bobo comme papa, elle ne sera plus là ? » je ne peux qu'acquiescer à cette question, le prendre dans mes bras espérant le réconforter au maximum et tentant de faire diversion avec des sorties, de nouveaux jouets, des week-ends chez papy et la préparation de sa première rentrée où il ne cesse de répéter « ouais c'est mon premier jour d'école de toute ma vie. »

Je me suis surmenée, une charge mentale bien trop importante pour une seule personne et au lieu de faire un burn-out, j'ai rechuté dans la maladie. La plaie s'est rouverte à vif, une nouvelle fois. Mon corps est épuisé, il a beaucoup trop géré. Il doit se battre contre Adolphe, il doit accepter tous les traitements et je lui demande de vivre comme si de rien. Oui, comme si de rien, j'ai oublié la maladie, j'allais mieux et j'ai foncé. Je ne me sentais plus malade mais je le suis. Je ne peux pas l'oublier, mettre tout cela de côté et avancer, en pensant « rester debout ». Je dois m'écouter, me reposer, me faire aider. Cela ne sert à rien de passer ses journées à aider les autres si on ne sait pas s'aider soit même. Je dois venir en aide à mon corps, il doit se remettre mais je ne peux plus le maltraiter. Il gère beaucoup trop de choses et je dois le bichonner, le cajoler, l'aimer, le soutenir et lui donner la force de se battre.

Alors, terminé le surmenage même si j'aime ça. Je vais changer ma façon de vivre. Je compte reprendre le travail parce que c'est ce qui m'anime au quotidien mais finies les heures sup, si le travail n'est pas terminé, il le sera le lendemain. Mes jours de repos seront des jours de repos ; affalée dans le canapé avec un bol de céréales, un plaid et une bonne série. Ils ne seront plus faits de ménage, de lessive, de courses, de cuisine et de rendez-vous. Je ferais garder Gabin plus souvent et pas seulement quand c'est une obligation. Je poserais des vacances plus souvent et je m'autoriserais des moments rien qu'à moi pour réaliser mes envies. Je serais sûrement une meilleure femme, une infirmière plus compétente et une maman plus épanouie.

Je commence aujourd'hui, en reprenant l'écriture de ce livre. Mon défouloir que j'ai laissé de côté en me persuadant que je n'avais plus le temps. Faux ! je ne l'ai pas pris, le temps, et je vais le prendre. J'ai écrit ce livre pour mon fils, pour qu'il connaisse mon histoire et ensuite pour vous, chers lecteurs, pour vous aider à « rester debout » dans les moments les plus sombres de la vie. Mais là aussi c'est une erreur, vous aider est un apaisement, un réconfort, une lumière chaude qui me convainc de faire quelque chose de bien mais je dois l'écrire pour moi avant tout. Je dois coucher sur le papier ma vie, mes ressentis, mes réflexions, mes combats, mes peurs, mes larmes et ma haine. Je dois vider toutes mes émotions pour laisser mon esprit sain et ne pas envahir mon corps afin de retrouver la paix et un équilibre serein.

Écrire est une souffrance, je pleure, j'ai la haine, je souris quand j'écris et parfois j'ai mal. En écrivant ce chapitre, j'ai tellement mal au bras. Mes doigts ne suivent pas et je mets en temps fou à écrire. Je souffre physiquement de faire cela mais je me libère. Je prends soin de moi du mieux que je peux pour que mon bras gauche ne freine plus et qu'il veuille bien reprendre sa place aux côtés de mon bras droit. Tous les deux, main dans la main. Je lui laisserais le temps de se retrouver, sans le brusquer tout en ne l'oubliant pas et en l'encourageant à reprendre des forces.

J'ai beaucoup de difficultés à parler du cancer, parce que je refuse de dire « mon » cancer. Ce serait me l'approprier au même titre que de dire « mon » enfant. En disant, cela, je laisse mon esprit accepter Adolphe et je ne veux pas l'accepter, je le hais au même titre que je hais mon ex-belle-mère. J'ai une telle rage, une telle colère, une vague de haine contre elle. Cela ne m'est jamais arrivé. J'ai eu de la colère contre des situations, des amis, des collègues évidemment mais jamais au point d'avoir une réaction physique rien qu'en y repensant (nausées, maux de ventre, accélération du cœur et un état de stress qui comprime mes poumons).

Je vous avais dit que je vous parlerais d'elle et je pense qu'il est temps pour moi de sortir une bonne fois pour toutes cette histoire. Me libérer de ce fardeau et vous raconter ce que je vis à cause d'elle.

Tout était déjà toujours compliqué avec elle, Vincent encore avec nous. Mais comme je vous le disais, c'était sa famille donc je ne m'en mêlais pas. Je me confiais lorsque ça m'agaçait, je lui disais que c'était pénible mais je n'agissais pas par respect pour lui. Il faisait de même pour ma famille. Jamais on ne s'est disputé pour cela. La seule différence entre lui et moi, c'est que moi je dis les choses, peu importe si cela doit faire mal ou pas, alors que lui, il temporisait pour l'équilibre familial. Chacun sa façon de faire et je dois dire qu'il n'y avait pas de bonne ou de mauvaise façon, cela fonctionnait et nous étions heureux comme cela. Mais une fois partie vers un autre monde, j'étais désarmée. Je ne pouvais lutter contre elle seule alors que j'étais démunie sans plus aucune ressource pour m'épauler. Je souhaitais pour moi et mon fils que tout le monde puisse s'entraider et se soutenir au maximum. Que la famille que nous avions créée et qui venait de se faire atomiser reste unie et belle comme avant. Foutaise, je pouvais toujours rêver.

C'était impossible d'espérer cela, pas avec elle en tous les cas. Elle m'a accusé d'être responsable de la mort de Vincent. Mais qu'est-ce que ça fait mal ! Je culpabilisais déjà par défaut, par amour et par automatisme je me disais que j'aurais pu éviter cela. Parce que je cherchais un coupable, une explication rationnelle et je ne pouvais pas lui en vouloir, alors je m'accusais.

Mais l'entendre de la bouche de sa mère était d'une telle violence, ça nous poignarde, ça nous transperce et ses paroles résonnent en vous comme un écho des montagnes. Ça ne vous quitte plus, ça vous obsède au plus haut point. Tellement obsédée que je n'en dormais plus la nuit et la mort de l'amour de ma vie était en train de passer au second plan ce qui en soi n'était pas possible. Je ne pouvais pas vivre avec ça toute ma vie. Je me suis dit qu'elle avait dit cela par maladresse, douleur, désespoir. Qu'elle ne le pensait pas. J'ai dit oui à toutes ses demandes, j'ai essayé de comprendre tous ses actes. Sa non-participation financière à l'enterrement, imposer l'urne, le cimetière, son absence pour préparer les funérailles, sa distance physique, ne jamais m'avoir pris dans ses bras, jamais sécher mes larmes, jamais prendre de mes nouvelles. La seule chose qui l'obnubilait c'était Gabin. Elle et son conjoint ne pensaient qu'à une seule chose, c'était de ne pas voir mon fils. Mais il était impensable pour moi que ça soit le cas. Jamais je n'aurais enlevé Gabin à qui que ce soit, c'est sa famille et mon but c'est qu'il est la plus grande famille possible, qu'il soit entouré des meilleures personnes pour combler du mieux que je pouvais le vide que laissera son papa toute sa vie.

Ils étaient tous deux si persuadés qu'ils ne le verraient plus, qu'ils commencèrent à faire n'importe quoi, en arrivant chez moi sans prévenir quelques jours après le drame, mon âme sœur même pas enterrée pour m'imposer de garder Gabin trois jours d'affilée. Je suis restée muette de stupéfaction. Je savais que la réponse serait non, elle aurait été non pour tout le monde. Je ne pouvais pas me séparer de mon fils, c'était mon unique battement de cœur, il était ma force de me lever le matin, ma force de m'habiller et part son amour et son insouciance le seul du haut de ses dix-huit mois à me faire sourire. Il m'a sauvé la vie et il venait de perdre son papa et il avait besoin de sa maman. Je ne pouvais pas le laisser. Je culpabilisais beaucoup, je me disais, c'est sa mère, il faut que je sois là et que je l'aide mais c'était foutu dès l'instant où le cœur de Vincent n'a cessé de battre. J'ai mis des mois à le comprendre. Je ne le savais pas encore mes tous mes efforts seront vains. Elle le gardera les mercredis parfois sur deux jours avec la nuit. Un déchirement pour moi de le laisser la nuit loin de moi. Mon cœur se brisait et je suffoquais à l'idée que sa chambre soit vide. Je ne suis pas maman poule de base, je le laisse facilement et je suis heureuse de cela. Mais la peur de le perdre aussi était si forte, si intense. Les nuits où j'arrivais à fermer les yeux, je cauchemardais de l'accident ou de Gabin qui rejoignait son papa. Tout s'est accentué à l'annonce de la maladie. Ma peur de mourir et de le laisser est omniprésente, une étiquette collée à mon front. Je reste forte et je me bats pour lui, pour nous, pour qu'on soit tous les deux ensemble le plus longtemps possible. Alors le laisser est toujours difficile pour moi.

Bref, j'ai tout tenté avec elle et il y avait toujours une réflexion, un truc qui n'allait pas. Je l'ai même invité chez moi pour une discussion afin de jouer cartes sur table, lui faire comprendre que je ne voulais rien de mal, que je faisais ce que je pouvais et essayer de lui faire comprendre ce qu'était devenu mon quotidien. J'étais face à un mur, elle me hait, je suis la cible de toutes les accusations, je suis la cause de tous ses problèmes. Je n'ai pas envie de tout vous raconter parce que mon livre n'est pas une salle de tribunal. Je vais juste vous énumérer quelques mots qu'elle a osé me dire, pour que vous ayez une petite idée de ce que je ressens :

« Ce n'est pas à moi de t'aider dans l'administratif, ce n'est pas moi qui vivais avec. »

« Il ne faudra pas que tu oublies, que c'est MOI qui ai perdu mon fils. »

« Tu vas toucher de l'argent, tu seras bien contente. »

« J'espère bien que tu vas garder la maison. »

« T'es une garce, une vraie saloperie. »

« Il a bon dos, ton cancer. »

« J'espère que de là-haut il te rendra la pareille » (je ne me suis toujours pas remise de celle-là).

C'est donc à cette femme que je dois laisser mon fils, c'est à cette femme que je ne peux rien dire sous peine d'en prendre une pleine tronche. Je n'ai pas ma langue dans ma poche, je dis toujours les choses quand je les pense, on ne peut plus franche que moi. Mais je vous le dis, elle me fait peur. Elle me sidère, elle arrive toujours à trouver les mots pour me blesser, me rabaisser et me mettre au sol. Je n'arrive pas à réagir de la bonne façon avec elle parce que, voyez-vous, hormis mon caractère bien trempé, je suis de nature optimiste et j'ai toujours foi en l'autre. Je suis toujours convaincue que les gens peuvent réagir, se remettre en question, évoluer. Non avec elle, plus ça va, plus ça empire mais je gardais l'espoir au fond de moi jusqu'à ce qu'elle espère ma mort. Espérer que je rejoigne Vincent et faire de notre fils un orphelin. Pensant sûrement en avoir la garde, une fois débarrassée de moi. C'était le mot de trop pour moi. Alors je me suis terrée dans le silence, demandant et espérant la paix.

Je n'avais pas besoin de conflit en plus de mon deuil, du cancer, du handicap et de la faucheuse qui me nargue. Je déteste le conflit, j'aime que tout soit léger et ma vie est devenue si lourde. Qui peut réussir à tout porter en continuant d'alourdir ses sacs ? Moi, j'encaisse, j'encaisse et j'encaisse encore et encore. Mais il faut réussir à dire stop maintenant. Il faut arrêter ! Je peux encaisser les drames de la vie, je souris, j'avance mais je ne peux pas laisser la méchanceté des autres m'atteindre, non ! Je ne peux plus croire que les gens finissent par évoluer, se remettre en question et s'excuser de leurs faits. Non, beaucoup y arrivent mais beaucoup ne peuvent pas et est-ce que c'est mon souci ? Non plus maintenant. Je ne suis pas concernée, j'ai fait tout ce que j'ai pu et encaissé bien trop d'horreur jusque-là. Mon seul but maintenant est de protéger mon petit garçon et de réussir à « poser les valises » comme me le répète souvent ma cheffe. Je me protège et pour le reste j'avance en laissant ma belle-mère au statut d'ex-belle-mère. Je reprends le courant de ma vie, entouré de personnes saines et qui me veulent du bien. Elle n'en fait pas partie alors je la laisse sur le bord du chemin et je continue.

Depuis Noël 2022, je n'ai plus de nouvelle et je n'en donne pas. Chacune de son côté, nos chemins se sont séparés et c'est tellement mieux comme ça. J'ai une telle haine, que ce sera un juge qui devra m'obliger à le laisser voir le petit. C'est mon fils, je ne peux pas le laisser à une femme qui souhaite que mon cœur s'arrête, c'est au-delà du possible pour moi aussi compréhensive que je suis. Je le vis bien, la culpabilité qui me rongeait avant n'est plus. J'essaie de vivre en éliminant cette haine qui me transperce encore. Plus le temps passe et plus cette colère s'efface petit à petit mais la guérison est longue. C'est dur de poser les valises parfois mais j'y travaille tous les jours.

Vous aussi, posez les valises, libérez-vous des soucis qui ne sont pas les vôtres. Allégez-vous de tout ce qui est insignifiant et battez-vous pour vous et ceux qui feraient la même chose pour vous ! Vous en valez la peine ! Vous pouvez le faire et ça ne fera pas de vous quelqu'un d'égoïste ou de méchant, juste une personne plus sereine, plus libre !

Chapitre 11

J'ai ce sentiment depuis toujours que toute ma vie dépend de chaque instant et que si je rate ne serait-ce qu'un seul bout de moment… c'est le drame. Ce qui me pousse à me confondre en excuses en permanence. Aujourd'hui, je pense l'inverse, si je rate ce moment, j'essaie celui d'après et si j'échoue je recommence l'instant suivant. J'ai toute ma vie pour réussir et finalement mon échec le plus cuisant serait de ne pas tenter, de ne pas oser quand je veux quelque chose.

Il est donc venu le temps pour moi de clore ce livre, je suis assez émue d'écrire ces derniers mots en sachant que cette aventure est terminée. Je ne vais pas laisser tomber la plume pour autant, c'est devenu une passion qui ne me lâche plus. Mais je pense être arrivée au bout de ce que je souhaitais vous confier.

Je l'ai compris me retrouvant prisonnière sur mon canapé, tasse de café à la main face à la page blanche. Je ne savais plus quoi écrire sur ma propre vie et je trouvais cela relativement ironique de ne pas réussir à vous raconter ma vie, comme si je ne savais pas ce qu'il se passait, comme si je n'avais plus les mots sur mes propres émotions. J'ai passé de longues heures à réfléchir, à commencer des pages, finissant par les effacer. Je ne réussissais plus à vous retranscrire ce que je ressentais. Tout était devenu fade et je ne prenais plus de plaisir à écrire. Cela se ressentait d'ailleurs, au cœur de toutes mes phrases. Je me suis longuement demandé pourquoi je n'y parvenais pas, ressentant un besoin immense de continuer d'écrire. Puis je me suis dit mais Marie-Line faut arrêter à un moment donné, tu ne peux pas manquer d'inspiration sur ta propre vie, tu n'as juste plus rien à dire, plus rien à transmettre.

Il est donc venu le jour où il est temps de faire un point sur mon évolution depuis le début de tous ces chapitres, s'accorder un peu de répit au milieu de tous ces drames et vous parler de reconstruction.

Au fil des jours, pas à pas, je fais de petits projets, voir un concert, organiser Noël, songer à reprendre le sport, planifier des sorties avec mon petit bonhomme et m'offrir des parenthèses avec cet homme. Aller faire mes cils, aller chez le coiffeur plus souvent, m'autoriser de remplir mon dressing toujours un peu plus et manger ce qui me fait envie. Le temps me guide et je peux vous dire que maintenant, je ris sans culpabiliser, je sors sans pleurer quand je rentre chez moi et je profite des petits bonheurs de la vie. Le vent dans mes cheveux, le bruit de la pluie fine ruisselant sur mes vitres, le coucher de soleil marquant le début de la soirée et l'arrivée de la nuit, la brise du matin venant caresser mes joues, la forme spéciale d'un nuage, une étoile plus brillante qu'une autre. L'émerveillement de mon fils pour les petites choses banales du quotidien, son rire, ses yeux qui pétillent, son vocabulaire qui grandit aussi vite que la taille de ses vêtements et j'en passe.

Évidemment je pleure encore parfois, principalement à cause d'Adolphe, que mon côté gauche ne suit toujours pas et que par moment je rêve secrètement de sortir de ce cauchemar qui est ma réalité. Je ne peux vous cacher l'existence de cette persistante colère d'avoir eu à vivre et à traverser toutes ces tornades. Une colère qui s'étouffera au fur et à mesure que le sablier s'écoulera et qu'il laissera place à des souvenirs agréables et réconfortants pour certains et des souvenirs plus sombres qui me rappelleront comment j'en suis arrivée là et qui m'aideront à « rester debout » pour les prochaines vagues à venir.

J'aurais aimé mettre un point final à ce récit en vous disant que tout va bien pour moi mais je ne peux écrire cela. J'espère simplement avoir réussi à transmettre un message. Non, vous dire que la vie est faite de hauts, de bas et que nous avons tous le pouvoir de nous relever de tout. Je n'y crois pas, même en l'écrivant. Je suis en revanche fortement convaincue que le passé est fait pour apprendre et non pour y vivre. On ne peut se bâtir, s'équilibrer et s'épanouir dans le passé comme on pourrait le faire devant son feu de cheminée au sein de son foyer quand l'hiver s'installe. Nous ne sommes pas tous égaux. Encore moins en matière de drame mais chacun d'entre eux nous impacte à différent degré. Il y a ceux qui pleureront la mort de leur animal toute leur vie pendant que d'autres les abandonneront sur la route lors de leur départ en vacances.

Nous devons apprendre de nos épreuves, faire de ces moments hors du temps, une force qui nous pousse à voir la vie sous un angle nouveau, changer nos relations et nous redécouvrir. On dit souvent que les humains ne changent pas. Je pense que si, je ne serais plus jamais la même Marie-Line. Je ne perçois plus l'univers tel que je le voyais, mes relations aux autres ne sont plus les mêmes, je ne vis plus ma maternité comme au début et mon ouverture d'esprit s'accroît considérablement. On ne va pas déconner non plus, j'ai le même caractère, la même voix, le même regard, toujours un humour de merde, une folie naturelle et mon corps n'est pas si différent (juste 40 kilos en moins). La terre tourne toujours à la même vitesse mais moi j'ai ralenti le pas. Je vis beaucoup plus le moment présent parce qu'un médecin a décidé de mettre une échéance à mon futur. Pendant qu'il semble infini pour beaucoup d'entre vous, j'ai le sentiment très étrange de savoir que la mort peut frapper plus précocement pour moi. Une journée de finie et je me réjouis d'être encore en vie mais la seconde qui suit se transforme en un coucher de soleil en moins. En finalité, on est tous égaux face à cette réalité. Le destin tragique de nos vies. Nous naissons et mourons sans savoir quand, la part de mystère de la vie. Mon espérance à moi pourrait s'écourter mais mon destin va peut-être en dire autrement. Plus très scientifique, la Marie, mais c'est une réalité, je ne suis plus aussi cartésienne qu'avant. Confrontée à cette peur de mourir, j'ai tout tenté pour réussir à retrouver de l'espoir quand je l'avais perdu et il m'a fallu faire confiance à des pratiques, des croyances et des personnes qui ne s'expliquent pas et qui m'ont fait comprendre que tout ne peut pas s'expliquer par A+ B.

Je me reconstruis et c'est l'étape la plus difficile pour moi. J'ai l'impression de laisser Vincent sur le bord de la route pendant que je continue mon chemin. La culpabilité m'a longtemps rongée et je refusais d'accepter d'aller mieux, ayant l'impression de le trahir. Il n'existe plus et ne sera plus jamais à mes côtés. Il est un rêve la nuit, des pensées la journée et ses bras qui m'enlacent, ne sont plus que le souvenir d'une sensation. La relation de Chouchoune et Doudoune est terminée, elle n'est que souvenir et n'existe que par mon amour éternel. Dois-je refuser d'avancer, refuser de vivre, refuser de sourire, refuser d'aimer une autre personne et refuser tout ce qui pourrait me procurer le moindre plaisir pour ne pas ressentir cette sensation horrible qui est la trahison ?

Je me fais souffrir et je me torture le cerveau à penser comme cela, il n'y a que moi qui suis maître de mes émotions et qui décrète que je le trahis. Pourquoi m'infliger une telle souffrance ? Pourquoi ajouter de la tristesse dans la tristesse ? Son manque est et restera terrible alors s'imposer ce châtiment en plus des sentiments qui n'ont pas lieu d'exister est inutile. Je vous accorde que de le lire a l'air si simple, en réalité, il est très difficile de combattre ses propres ressentis et sentiments mais les accepter c'est gagner.

Je m'accorde le droit de penser à lui en souriant, de penser à nous en me disant que j'ai eu beaucoup de chance de l'avoir à mes côtés, de regarder mon fils en étant fière qu'il ressemble à son papa et tout cela sans culpabiliser, sans larme, juste un sourire et des yeux remplis d'amour. Se lever le matin et décider de retirer son tee-shirt du lit, comme un enfant décide de ne plus dormir avec son doudou. Je préfère m'endormir en pensant à lui parfois, plutôt qu'en serrant son polo qui reflète l'image douloureuse qu'il ne le portera plus jamais. Ne pas culpabiliser qu'il ne soit plus la première personne à laquelle je pense.

Réussir à penser à lui sans être triste, sans être en colère, sans remords, sans torture. Juste penser à lui pour l'homme qui l'était et l'homme que je veux décrire à Gabin. Je me sens beaucoup plus légère et j'ai l'impression que lui aussi. Bizarre ? Non, je ne pense pas, il a eu cette personne qui m'a dit : « Ça va aller, avec le temps, tout s'estompe » et « il n'aurait jamais aimé te voir comme ça. » Cette personne a raison, sur le moment je trouve ces termes tellement attendus, tellement entendus que je n'y crois pas et je ne laisse pas la moindre chance à ses propos. Pourtant, quand j'y repense ce quelqu'un a tout dit, le temps estompe et nous laisse se souvenir dans de moindre souffrance et il est vrai que Vincent n'aurait jamais voulu me voir me morfondre et de ne cesser de culpabiliser de respirer ou de ressentir la moindre vague positive. Je me dis, tant que je ne serais pas en paix, il ne le sera pas. Alors petit à petit, je retrouve le calme, je m'écoute un peu plus et j'essaie de m'apaiser, en arrêtant de me torturer le cerveau.

C'est aussi en me faisant cette réflexion que mon côté scientifique s'est un peu essoufflé. Deux plus deux, ça ne fait pas toujours quatre finalement. Je suis plutôt ouverte d'esprit quand il s'agit de la vie des autres. Quand cela me concerne ou me touche, je suis beaucoup moins nuancée, c'est souvent soit noir, soit blanc. J'apprends à nuancer et la vie m'apprend doucement que la science ne s'applique pas toujours à l'humain. Deux êtres humains, plus deux êtres humains ne font pas quatre êtres humains si on les considère dans leur entièreté. On ne peut pas toujours faire coexister les mathématiques, la science et l'humain. Ce qui me laisse à croire que tout est possible, toutes les croyances sont possibles et qu'il ne suffit pas d'expérience ou d'étude scientifique pour y croire. Je ne crois plus que ce que je vois. Je m'écoute, je laisse aller mes ressentis, mes émotions et j'aime l'idée que ce que je ressens existe vraiment. Je parlais un peu plus haut que Vincent ne serait pas en paix tant que je ne le serais pas. Il fut un temps où je disais qu'il était mort, donc n'existait plus donc impossible de ressentir encore quelque chose. Aujourd'hui je tends à penser autrement. Je ne crois en aucun dieu, force surnaturelle ou qu'il existe une vie après la mort. Je veux juste penser qu'il peut vivre à travers nous. Sourire, rire, se sentir libre, se battre pour garder la vie c'est le laisser s'exprimer de nouveau. Petit à petit, je trouve un nouvel équilibre sans lui, mais grâce à lui. Tout ce que j'essaie d'accomplir c'est en partie pour lui. Il ne le verra jamais, ne le ressentira jamais, ne l'entendra jamais mais je suis convaincue que sa mort est ma blessure la plus profonde et que notre amour est la plus grande force qui m'était donnée pour « rester debout ».

Il a été difficile pour moi de m'avouer que ma plus grande force était notre amour et non mon fils. Encore plus difficile d'assumer de vous le dire. Ce n'est pas tant une question d'amour loin de là même mais plutôt une question de ressenti et de culpabilité. Quelle mère suis-je ? Je me pose la question tous les jours. Il vient de perdre son papa et moi je suis malade et je vais peut-être mourir. Si vous saviez la culpabilité que j'ai de ne pas être à la hauteur pour mon mini-moi et de ne pas être à 200 %. Oui je me dois d'être deux fois plus qu'à 100 % parce que je suis toute seule maintenant donc je porte les deux rôles. La nature est bien faite et ce n'est pas un hasard s'il faut être deux pour concevoir un enfant, c'est qu'il faut être deux pour l'élever et l'aimer. Je suis en colère d'être seule pour affronter cela au quotidien et ma maternité me pèse. Je me remets en question en permanence et ai la désagréable sensation de ne même pas être à 100 % dans mon rôle de mère. Alors je ne risque pas de l'être pour le second rôle. Je me bats pour qu'il ne manque de rien, pour qu'il soit heureux et qu'il soit à l'abri mais je ne peux le protéger de tout. L'idée de mourir et de le laisser orphelin me rend toujours aussi malade, même un an après l'annonce de ma maladie. Une idée qui ne cesse de me tourmenter et qui me donne la nausée à tous les coups. Vous vous dites sûrement que c'est un sentiment normal et que le contraire serait inquiétant mais peut-être comprenez-vous maintenant pourquoi mon fils est ma plus grande faiblesse. Je l'aime d'un amour si pur, si évident, celui qui prend aux tripes, celui qui ne s'épuisera jamais, qui ne fera qu'évoluer de façon exponentielle toute la vie et qui ne manquera jamais de sincérité. Lui faire du mal, faillir à mon rôle de maman et ce à quelconque échelle, me terrifie. Alors oui je me bats pour lui mais je ne pourrais plus jamais décevoir Vincent alors que mon fils oui. Lui, du haut de ses trois ans et de son mètre 05, est un rayon de soleil qui illumine mes jours et mes nuits. Ses câlins, déclarations d'amour « maman je t'aime très fort, plus loin que les étoiles », son soutien permanent « ça va aller », sa compréhension si mature « non, c'est Manou qui fait, tu as bobo à ton bras » et ses expressions qui me font rire à tous les coups. Je vous en cite quelques-unes.

— Eh oh cinq minutes papillons.

— Hasta la vista, baby.

— Chao bello dans mon vélo.

— Il faut pas que je casse mes dents, comment je ferais pour les laver ?

— Vient boire un cht'i canon.

— Alors là mon gars ça se voit que t'as pas de BMW.

— Mollo l'asticot.

— J'aime bien aller à l'école parce que je suis un grand garçon.

— Les expressions mal répétées telles que : « tripote pas, Charlotte » au lieu de chipote, pas Charlotte.

Son pragmatisme au moment où en chantant « toi et moi dans le même bermuda, c'est l'amour » et qu'il rétorque « ah bah non c'est galère ».

Sa spontanéité où à la question « est-ce que tu as des copains à l'école ? », il répond « oui, j'ai mon frère » en se tapant la poitrine avec le poing.

Il est équilibré, drôle, intelligent, déterminé, obstiné et si entouré. Un équilibre trouvé au fil du temps et en partie grâce à la famille. Notamment Eric, son papy, une relation plus que fusionnelle. Il trouve en lui la figure paternelle dont il a besoin, une connexion, une alchimie entre les deux. Il ne se passe pas une semaine sans qu'ils se voient. Un amour pur et un besoin l'un de l'autre si intense. Il faut dire que Vincent c'était son père, de caractère et de physique et Gabin c'est Vincent donc une relation évidente entre le petit fils et le papy. Bon Gabin a bien de moi aussi, la couleur de cheveux, le bas du visage, une folie naturelle, le rire facile, un caractère fort qui l'emmènera loin et un sens de la répartie inné. Ce petit bonhomme est un beau reflet de ses parents et malgré que toute la responsabilité, la culpabilité et l'angoisse que cette maternité seule engendre, il est LA raison pour laquelle tout le monde reste debout depuis tout ce temps.

Tout cela pour qu'il sache qu'il était aimé par son papa et sa maman et qu'il le sera toujours malgré l'absence de Vincent. Il n'aura pas de souvenirs de lui ni avec lui mais je serais là pour lui raconter notre vie parfaite. Je serais aussi là pour lui dire qu'il n'est pas qu'une bouée de sauvetage mais le fruit d'un amour éternel qui ne s'éteindra jamais. Si jamais je venais à partir trop tôt (ce qui n'arrivera pas), il le saura en lisant ce livre, l'histoire de ma vie, celle de son papa et donc de la sienne.

Alors aujourd'hui, je peux le dire, plus grand-chose me touche. Il n'y a plus de réels problèmes pour moi. Je relativise beaucoup, plus grand-chose ne me dérange après les traversés de toutes ses tempêtes et mon obstination à « rester debout ». Mais lorsqu'il s'agit de mon fils, tout réussit à m'atteindre et me faire basculer. Ma carapace de tortue est toujours solide mais un peu plus friable qu'avant et c'est sûrement une bonne chose.

Je veux que ce livre dégage du positif, que vous puissiez tirer des forces et un peu de mon énergie (juste un peu, il faut m'en laisser quand même) pour survivre à vos traumas, vos peines, vos pertes, vos hontes et vos pensées culpabilisantes. Non je ne suis pas mère Thérèsa, bien loin de là d'ailleurs, je ne suis pas Dieu non plus, ni n'importe quelle personne d'une quelconque importance. Je ne me compare pas à une héroïne, un exemple de vie ou à une force de la nature qui veut que tout le monde fasse comme moi. Je veux juste essayer de partager mon parcours, mon histoire et ma vie avec vous. Si j'en suis là aujourd'hui, c'est en partie grâce à vous.

Hé voilà, c'était le petit bout de mon histoire, moi, Marie-Line, jeune maman, infirmière passionnée, femme droite, drôle, entière, altruiste, en redécouverte d'elle-même, veuve un peu trop tôt, atteinte d'un cancer et qui cherche tous les jours les clefs et la force de rester debout !

Imprimé en Allemagne
Achevé d'imprimer en janvier 2024
Dépôt légal : janvier 2024

Pour

Le Lys Bleu Éditions
40, rue du Louvre
75001 Paris

www.ingramcontent.com/pod-product-compliance
Lightning Source LLC
Chambersburg PA
CBHW062344010826
49168CB00024B/248

* 9 7 9 1 0 4 2 2 1 9 5 1 2 *